# Le baiser

Tél. : 01 40 26 06 06. Fax : 01 40 26 00 26. ISBN : 2-86260-681-2. ISSN : 0751-0144.
Dépôt légal : 1er trimestre 1997. Imprimé en France.

# Le baiser

## Premières leçons d'amour

*Dirigé par Gérald Cahen*

Éditions Autrement - Collection Mutations nº 169

# Sommaire

*Bronzino, « Vénus et Cupidon », Londres, National Gallery*

# Lettre sur le baiser

*Gérald Cahen*

Baiser, fils de deux lèvres closes,
Fille de deux boutons de rose.
Ronsard, *Sonnet pour Hélène*

Madame,

Vous m'avez fait l'honneur de me demander ce que je pensais des baisers et si je croyais sérieusement qu'il était possible d'en dresser la science. Vous m'avez même parlé d'un livre où nous consignerions patiemment (je vous cite) les résultats de nos recherches. Patiemment, le mot est bien choisi, car ce serait en effet un travail de bénédictin que d'essayer de recenser toutes les espèces et les sous-espèces de baisers qui se distribuent à travers le monde et de trouver le fil d'Ariane qui les relie les uns aux autres. Mais autant vous l'avouer tout de suite, et malgré mon désir de vous être agréable, je ne crois guère l'entreprise possible. Non seulement un livre n'y suffirait pas, mais même une bibliothèque serait encore trop peu. Pis : je crains qu'un tel décompte ne s'avère ennuyeux et que le pauvre lecteur qui se risquerait à nous suivre ne soit dissuadé à l'avenir d'en donner ou d'en recevoir. Ce qui serait, convenez-en, dommage.

Cependant, si tel est votre plaisir, je veux bien caresser en votre compagnie ce projet. Pour l'heure, rangeons à part, je vous prie, les baisers d'amoureux auxquels vous comme moi nous songeons.

Encore faudrait-il se demander pourquoi ce sont toujours les premiers qui nous viennent à l'esprit... Mais enfin, il en est d'autres, bien d'autres, qui sont simples comme bonjour ou bonsoir, des baisers qu'on se donne le matin ou le soir justement, en se levant ou en se couchant, et qui ont valeur de rite[1]. Rien à voir avec un embarquement pour Cythère. Loin de nous isoler du monde, ceux-là nous y inscrivent au contraire, ils marquent notre place au milieu de nos semblables. Ils rythment le calendrier des jours ordinaires comme celui des jours extraordinaires : fêtes, mariages, anniversaires... Car on ne s'embrasse pas seulement pour se dire je t'aime, mais aussi pour se saluer, pour montrer qu'on se reconnaît, qu'on s'accepte, qu'on partage ensemble le même instant. On « s'embrasse » d'ailleurs, vous l'aurez noté, au sens propre : on se prend dans les bras, on se serre, on s'étreint, bref, on abolit la distance qui sépare les corps. On construit une arche dont les lèvres seraient la clé de voûte...

Dans ces conditions, comment détacher, je vous prie, ce geste de tous ceux qui lui font cortège et dont il n'est tout au mieux qu'un maillon ? Oui, de quel droit parler du baiser sans évoquer immédiatement la poignée de main, l'accolade, l'échange de regards qui l'accompagnent ? Et même, à supposer qu'on donne au mot une acception plus vaste, qui nous persuadera jamais qu'il est légitime de faire cohabiter sous le même terme les bises du nouvel an et l'ultime hommage à un disparu ? les adieux sur un quai de gare et les parties de rire avec un bébé ? En clair, s'il semble si difficile d'élaborer une science des baisers, c'est qu'il s'en donne trop et en trop d'occasions et de trop de façons. Il en est, par exemple, qu'on prodiguera avec solennité, et d'autres qu'on lancera à l'étourdie ; certains qu'on déposera précieusement - *Baiser ! rose trémière au jardin des caresses !*[2] -, et d'autres qu'on fera claquer joyeusement. En vérité, nos baisers sont comme une monnaie, ils ne cessent de circuler, de rouler... Entre ceux qu'on prend et ceux qu'on reçoit, ceux qu'on rend et ceux qu'on ravit, ceux qu'on retient et ceux qu'on renvoie, on n'en finit pas de marchander.

1. Voir *infra* l'article de David Le Breton, « Rites d'intimité », *p. 67*.
2. Paul Verlaine.

C'est qu'un baiser se négocie évidemment à deux, entre quatre yeux. Il faut s'appeler Narcisse pour l'avoir oublié !

Je me demande pourtant, je ne vous le cache pas, s'il existe tout de bon autant de façons de s'embrasser que de verbes pour en rendre compte. D'autant qu'à l'inverse les noms pour désigner la « chose » ne sont pas légion : bise, bec, bisou, bécot, câlin, patin, poutou, voilà qui ne va pas loin et sent l'enfantillage. Comme si notre vocabulaire préférait insister sur l'essentiel, sur l'échange... Au demeurant, rien de bien malin dans un baiser : deux lèvres qui se tendent, claquent, s'attardent, repartent, qu'y a-t-il de si mystérieux là-dessous ? J'entends bien ! les lèvres ont leur lieu d'élection et ne se posent pas avec la même ferveur sur une joue ou au creux d'une nuque. Il y a toute une géographie du baiser comme il y en a une de la caresse et ce n'est pas à vous que j'apprendrai que les plus innocents ne sont pas toujours ceux qu'on croit. *Les belles dames savent leur affaire*, badine Musset, *selon qu'on leur baise la main droite ou la main gauche.* À ce petit jeu chacun suivra sa stratégie, et là où celui-ci jettera son dévolu sur une épaule, celui-là se contentera d'effleurer rêveusement un bras, un front, un décolleté... Seul Victor Hugo sera assez fou (ou assez gourmand) pour rêver d'embrasser le paysage entier... en une seule phrase ! *Je baise tes petits pieds et tes grands yeux*, lancera-t-il à sa Juliette à lui, avec un sens du raccourci qui n'exclut pas, Dieu merci, un crochet par l'humour[3]...

N'importe ! de tous les lieux du corps que visite le baiser, le plus généralement chanté est encore la bouche, peut-être parce que la chair y affleure enfin telle qu'en elle-même, vermeille, ronde, désirable, et qu'elle s'y ouvre, tel un fruit, par le milieu :

*Je vous ai vue ô porte rouge gouffre de mon désir*[4]

Je vous ai vue, mais oserai-je vous franchir ? Oserai-je m'aventurer, au-delà de votre seuil, dans ce dédale obscur dont vous semblez me montrer et me barrer tout à la fois le chemin ? Oui, qu'y a-t-il là-derrière de si noir, de si effrayant... et de si tentant ? Quelle

3. Victor Hugo, *Lettres à Juliette Drouet, 1833-1883*, Harpo.
4. Guillaume Apollinaire, *Les Neuf Portes de ton corps.*

plongée inouïe au fond de ce qui m'est, par nature, le plus étranger, le plus inaccessible : le for intime de l'Autre ? À y bien réfléchir du reste, n'est-ce pas pour rendre ce voyage définitivement impossible que tant de civilisations primitives (ou dites telles) ont multiplié les obstacles sur sa route, perçant les lèvres de leurs membres, au cours de cérémonies redoutables, pour y introduire labrets, broches, pendentifs, anneaux ? Je songe, par exemple, à ces Indiens Achés, du Paraguay, que décrit longuement Pierre Clastres[5] ; ou encore à ces célèbres femmes à plateau, les Saras Djungés du fleuve Chari. Quelle meilleure manière, je vous le demande, de dire : n'entrez pas ! regardez, mais ne touchez pas ! Ailleurs, les dents elles-mêmes ne sont pas épargnées, qui peuvent être tout de noir laquées comme chez les élégantes japonaises d'antan, fardées à la cendre comme chez les Polynésiennes, voire redressées ou arrachées comme chez les nomades du Sahel ou les habitants du pays Banda en Afrique centrale. Sans vous offenser, il n'est pas jusqu'au rouge à lèvres dont vous usez vous-même qui n'accomplisse une semblable fonction, isolant et mettant en valeur la bouche au milieu du visage, la désignant à tous les regards, mais, en même temps, en rendant l'accès périlleux pour les audacieux qui seraient tentés de s'y risquer. Un péril, il est vrai, vite conjuré...

Voilà qui nous invite, Madame, à reconsidérer certains baisers que nous avions laissés délibérément de côté et où la langue aussi veut sa part du festin : la langue, le souffle, l'âme...

*Ta langue est dans ma bouche comme sauvagerie de mer, le goût de cuivre est dans ma bouche*[6].

Je suis persuadé du reste que, pas plus que moi, vous ne les aviez oubliés et qu'ils demeuraient présents à votre esprit derrière ceux dont je vous peignais les vertus. C'est qu'il est difficile de démêler nos baisers et qu'on ne peut si aisément ranger d'un côté ceux qui relèvent d'un geste de salutation sans équivoque et de

5. Pierre Clastres, *Chronique des Indiens Guayaki*, Plon, 1974. Les indications ethnographiques que je cite tout au long de cette préface proviennent d'un travail inédit d'Alain Gnemmi dans lequel il m'a permis de puiser. On lira par ailleurs du même auteur, à la fin de cet ouvrage, un conte sur le baiser en Orient et en Extrême-Orient, « Schéhérazade ou la source de miel ».
6. Saint-John Perse, *Amers*, Gallimard, 1960.

l'autre ceux qui appartiennent au monde des faveurs amoureuses. Les Romains[7] ne s'y trompaient pas qui avaient plusieurs termes pour désigner leurs hommages, suivant qu'ils étaient solennels *(osculum)* ou seulement suaves, délicieux *(saevium)*. Mais, précisément, nous leur avons préféré un troisième d'origine plus tardive *(basium)* qui tient un peu des deux et sert aux divers usages, comme si entre publics et privés, sages et moins sages, nos baisers aimaient à laisser un peu de jeu. Le désir y trouve son compte, pour qui il suffit parfois d'une bise légèrement appuyée pour donner le branle à l'imagination. Et inversement, nos baisers les plus intimes s'affichent volontiers de nos jours sur les murs ou les couvertures de magazine. Ils se vendent, convenez-en, et fort bien[8]. Ils sont filles faciles que nous feuilletons d'un doigt rapide dans les kiosques ou les salles d'attente de nos dentistes, peut-être (qui sait ?) pour opposer à nos angoisses de mort le spectacle de ces bouches éclatantes, insolentes de santé...

Pour autant, il faudrait nous interroger sur notre dilection à offrir ainsi nos baisers à tous vents. Sans doute, j'y reviendrai, la photographie y entre-t-elle pour beaucoup. La photographie et le cinéma, et ce regard nouveau qu'ils apportent sur le visage. Car enfin ce phénomène, on ne s'en avise pas assez, est récent. Non que notre époque ait inventé le baiser amoureux, le Cantique des Cantiques évoquait déjà ce goût de lait et de miel qu'il laisse dans la bouche, mais nous l'avons ôté à la seule délectation des poètes pour le faire entrer dans le monde des images. Nous l'avons démocratisé, comme tout ce que nous touchons, pour le transformer en objet de consommation, au point même que la peinture et la sculpture, qui semblaient assez généralement l'ignorer, l'ont redécouvert à leur tour[9].

Cette mise en scène du baiser sur la bouche ne saurait cependant s'expliquer uniquement par des considérations esthétiques. Elle est liée aussi à son histoire propre qui l'a conduit, depuis la

7. Xavier Fauche et Christiane Noetzlin, *Le Baiser*, Stock, 1987, p. 11-14.
8. Sur les relations torrides entre baiser et chiffres de vente on consultera *infra* les articles d'Alain Weill, « Des pudibonderies du commerce aux hardiesses postales », *p. 138*, et d'Anne de Marnhac, « L'amour en rose », *p. 128*.
9. Voir *infra* l'article de Bernard Marcadé, « Émotionnellement bidimensionnel », *p. 151*.

Renaissance, à devenir de plus en plus l'emblème des amoureux. Certes, vous trouverez encore des mères qui embrassent leurs enfants sur les lèvres sans y voir malice (la coutume en est même courante aux États-Unis) ; ou, en Europe de l'Est, des hommes d'État qui terrassent dans des bouche-à-bouche implacables leurs malheureux partenaires (rien d'érotique ici, rassurez-vous, les arrière-pensées seraient plutôt politiques[10]...). Mais ce sont là, le plus souvent, survivances, alors que ce geste se rencontrait, dès l'Antiquité, non seulement entre amants mais aussi, sans préjugé de sexe, entre parents, enfants, amis, dignitaires, et signifiait, de manière très large, respect, affection, amitié, pardon. On en lit d'ailleurs encore en négatif la trace à travers le trop fameux « baiser de Judas », qui illustre toujours (Vatican II ou pas !) le comble de la perfidie : un acte qui trahit sa vocation même... Toutefois c'est au Moyen Âge que le baiser sur la bouche va acquérir véritablement ses lettres de noblesse, avec la cérémonie de l'hommage vassalique. Échange des souffles, mélange des âmes, il scelle alors entre le seigneur et son vassal un contrat que rien ne pourra rompre ; il rime avec foi, franchise, fidélité, tout comme le baiser de paix, encore plus sacré, que se délivrent à la même époque les chrétiens à la messe[11].

Je vous laisse juge de décider si avec nos baisers profanes nous avons perdu ou gagné au change. Mais le fait est là : ils ne nous engagent plus avec la même solennité, ils ne s'apparentent plus à un acte officiel, mis à part peut-être (et encore !) ceux que nous échangeons sur les marches de la mairie ou de l'église. En devenant les messagers de l'amour, ils en ont épousé aussi toutes les contradictions, au point qu'on ne sait plus toujours s'ils sont graves ou frivoles et si ce halo de sensualité dont ils s'entourent est un parfum d'éternité ou une buée légère. Rien de plus sérieux qu'un baiser, soit ! mais rien de plus volage aussi, rien de plus délicieusement fuyant. Ne papillonne-t-il pas à l'envi de lèvres en lèvres ? Et ne rêve-t-il pas toujours en secret d'autres lèvres que la pudeur

---

10. *J'embrasse mon rival, mais c'est pour l'étouffer*, Racine, *Britannicus*.
11. Sur l'histoire du baiser de l'Antiquité à nos jours, voir *infra* Yannick Carré, « Signe de paix, symbole d'amour », *p. 29*, et Jean Claude Bologne, « Du sacré à l'intime », *p. 45*.

commande de laisser dans l'ombre ? *Prendre un baiser et ne pas prendre le reste,* prévenait déjà Ovide, *c'est mériter de perdre même les faveurs accordées*[12]. Oui, il y a baiser et baiser selon qu'on tire le mot du côté du nom ou du verbe, et entre ces deux termes justement, entre le prélude et la conclusion, une partie de cache-cache plus d'une fois s'instaure. D'où ce ton désinvolte - mi-badin, mi-coquin - qu'adoptent la plupart des ouvrages qui en traitent et qui représente, à mon sens, l'un des écueils du genre. L'on se voile pudiquement sous un rideau de plaisanteries et l'on multiplie les clins d'œil :

*Et puis y a le baiser d'Zézette*
*Le plus salé, le plus sucré, c'est le plus chouette*
*On dirait un chausson aux po-o-o-ommes*[13].

Encore passe-t-on à une chanson ce qu'on ne pardonne pas à un livre, et Pierre Perret emporte au bout du compte notre sympathie. Le baiser canaille lui va bien. Et puis, en la matière, les jeux de langue sont tentants pour peu qu'on n'en abuse point au propre ni au figuré. *Au propre,* puisque des esprits bien intentionnés ont calculé (Dieu sait comment !) qu'un baiser profond - *a french kiss* - met en mouvement pas moins de vingt-neuf muscles (dont dix-sept pour la seule langue) et qu'il s'échange à cette occasion jusqu'à 9 mg d'eau, 0,7 g d'albumine, 0,18 g de substances organiques, 0,711 mg de matières grasses et 0,45 mg de sels, sans compter les virus et les bactéries[14]... - autant dire qu'à côté le baiser au lépreux est une promenade de santé ; et *au figuré* aussi car, à trop rire du baiser, à trop le traiter par-dessous la jambe, on s'expose, on le voit bien, à lui retirer tout son sel...

Sur ce point, le baiser ressemble à l'humour, ses charmes restent sensibles tant qu'on ne les divulgue pas. Voilà pourquoi vous ne trouverez pas d'« experts ès-*languistiques*[15] », tout au plus des

---

12. Ovide, *l'Art d'aimer,* livre I, vers 661, Gallimard.
13. Pierre Perret, *Les Baisers.* Sur la chanson et le baiser, on lira plus bas l'article de Jean-Marie Bretagne, « Besame mucho », *p. 177.*
14. Martine Mourier et Jean-Luc Tournier, *Petite Encyclopédie du baiser,* Pierre-Marcel Favre, 1984, p. 98.
15. La formule est de Raymond Queneau : « Lamélie fermait les yeux et se consacrait religieusement à la languistique », *Les Fleurs bleues,* Gallimard, 1965, début du chapitre IV.

écrivains qui s'y consacrent avec délices. C'est que, entre la littérature et le baiser il existe, depuis toujours, une histoire d'amour. Et pour cause ! La bouche qui embrasse n'est-elle pas la même que celle qui fabrique les mots ? Et ce qui se susurre ici avec des soupirs n'est-il pas peu ou prou ce qui se murmure là avec des phrases ? *Langue : en français dans le sexe*[16], commente un bon auteur qui a assurément tout compris à l'affaire, même s'il va, à mon sens, un peu vite en besogne. Car s'il est vrai que le visage est le miroir de l'âme, il importe pour les amants de se contempler dans ses eaux avant de laisser licence aux lèvres d'errer plus à loisir :

*Et ton visage est renversé, ta bouche est fruit à consommer, à fond de barque, dans la nuit*[17].

Face contre face et front contre front et bouche contre bouche, ainsi s'embarque-t-on pour les voyages d'amour. Mais ne nous y trompons pas ! Si les lèvres se plaisent à conter aux lèvres des histoires de lèvres, elles ne mélangent jamais les genres, et nos baisers ne fleurissent qu'à l'heure où nos paroles renoncent à se faire entendre. Ils viennent nous « clouer le bec » - d'un coup ! -, mettant fin aux longues phrases et aux longs discours quand ceux-ci ne sont plus de saison. Stop ! assez parlé ! passons aux choses sérieuses ! allons à l'essentiel ! embrassons-nous, je vous prie ! En vérité, tout éloquents qu'ils soient, ces baisers-là ont partie liée avec le silence, ils parlent la langue de l'âme, une langue sans syntaxe et sans mots et qui se pratique les yeux fermés. Motus et bouche cousue, chuchotent-ils, surtout ne nous dérangez pas, ne brisez pas cet instant, laissez-nous nous confier, dans le jardin jalousement préservé de nos cœurs, notre secret !

Or ce mystère qui se joue à guichet fermé, ce secret qui s'échange ainsi de lèvres à lèvres, qu'est-ce donc s'il vous plaît sinon tout simplement la vie ? Cette vie fluide, glissante, fragile, insaisissable qui ne tient justement qu'à un... souffle ? à rien ? à « presque rien » ? N'est-ce pas de la sorte, dit le Zohar, que Dieu a

16. Gilbert Sénécaut, revue *Les Lèvres nues*, cité par Pierre Drachline dans le *Dictionnaire humoristique des surréalistes et des dadaïstes*, Le Cherche Midi éditeur, 1995.
17. Saint-John Perse, *Amers*, Gallimard, 1960.

insufflé une âme à Adam ? - par un baiser ! par la grâce d'un baiser ! - ou que Pygmalion a animé sa statue ? ou que le Prince charmant a réveillé la Belle au bois dormant[18] ? Gageons pourtant que la Belle ne dormait qu'à demi au fond de son palais et qu'elle attendait, plus morte que vive, que sonne enfin cette heure qui lui ouvrirait grandes les portes de l'existence. Ne riez pas ! N'avez-vous pas tremblé vous aussi - comme chacun - au matin de votre premier flirt ? Car on n'aura encore rien dit du baiser, je le crains, tant qu'on n'aura pas expliqué qu'il rêve d'être initiation, « connaissance par les lèvres »... *J'allais savoir l'odeur, le goût, qu'avait ce fruit rose inconnu*[19], espère le narrateur de *La Recherche* en convoitant du regard les joues fraîches d'Albertine. Un fruit ! ce mot revient décidément trop souvent pour qu'il soit tout à fait innocent et pour qu'il n'évoque pas une belle pomme qu'on croque et dont on tire la science. Une saveur qui serait savoir...

Aussi bien, cette rondeur, ce satiné de la joue si complaisamment (et si souvent) décrits par Proust ne sont pas sans rappeler une autre image, celle du sein maternel que l'enfant tète avidement. Veut-on à tout prix trouver une origine au baiser ? Alors - plutôt que la becquée[20] à laquelle certains ont songé - c'est de ce côté, je pense, qu'il convient de chercher, vers ces lèvres qui se tendent et se rétractent et se battent avec le mamelon de chair pour lui faire exprimer le meilleur de lui-même : ce long filet de lait qui enchaîne les vivants aux vivants et assure la continuité de l'espèce. Ici, dans cet espace étroit où la chair dialogue avec la chair, le baiser, je crois bien, fait ses premières armes. Il apprend à se nourrir de l'autre, à en tirer le suc. Il ne fera jamais plus tard que répéter et répéter encore ce geste avec la ferveur qu'on met à évoquer un paradis perdu, mais sans en obtenir pourtant qu'un vague substitut. Car le lait maternel disparu, le fil qui nous relie

18. Sur les baisers de vie et de mort, voir *infra* Jean Mouttapa, « Le souffle de Dieu », *p. 101*, et Cécile Wajsbrot, « Mourir pour un baiser... », *p. 112*.

19. Marcel Proust, *À l'ombre des jeunes filles en fleurs*, Bibl. de la Pléiade, Gallimard, 1954, p. 934.

20. Sur la becquée, voir les ouvrages déjà cités de Xavier Fauche et Christiane Noetzlin, *Le Baiser*, p. 30-35 ; et de Martine Mourier et Jean-Luc Tournier, *Petite Encyclopédie du baiser*, p. 47-52. Sur le rapport de la bouche au sein maternel, on se reportera *infra* à l'article de Bernard Golse, « Histoires de bouches », *p. 90*.

à l'autre est désormais ténu et la nourriture qu'on retire du baiser plus symbolique que réelle. En cela, il est bien un comportement culturel qui nous apprend à dominer notre nature et à la transformer en signes. Issu du règne animal, il nous apprend à en sortir, il rejoue précisément - sur une autre scène - notre sortie de ce règne.

Vous me direz : les animaux ne s'embrassent-ils pas ? Grave question à laquelle nous avons tendance un peu vite à répondre par l'affirmative en contemplant d'un œil attendri deux otaries se frotter le museau ou une maman chatte laver à grands coups de langue son petit. Mais c'est oublier, en l'espèce, qu'elle se contente de le marquer de son odeur pour pouvoir le reconnaître[21]. De fait, même lorsqu'ils accompagnent des comportements amoureux, les « lècheries » et les « mordillements » auxquels se livrent « nos amies les bêtes » n'ont pas la charge symbolique d'un baiser, ils en sont tout au mieux l'esquisse. Et inversement, nos baisers-trop-humains, parce qu'ils ne s'approprient rien, parce qu'ils ne prétendent pas posséder mais seulement conjurer symboliquement l'absence, manquent, d'une certaine manière, leur proie. Ils se referment toujours, inexorablement, sur le vide. Le narrateur de *La Recherche* l'apprend à ses dépens, lui dont le nez s'écrase douloureusement sur la belle joue lisse d'Albertine...

*Du moins tant que je ne l'avais pas touchée, cette tête, je la voyais, un léger parfum venait d'elle jusqu'à moi. Mais hélas ! - car pour le baiser, nos narines et nos yeux sont aussi mal placés que nos lèvres, mal faites - tout d'un coup, mes yeux cessèrent de voir, à son tour mon nez, s'écrasant, ne perçut plus aucune odeur, et sans connaître pour cela le goût du rose désiré, j'appris à ces détestable signes, qu'enfin j'étais en train d'embrasser la joue d'Albertine*[22].

On reconnaît là évidemment le thème éminemment proustien de l'incapacité foncière où nous sommes de jamais pénétrer le monde par nos sens. La possession physique est impossible. Mais

---

21. Voir Boris Cyrulnik, *La Naissance du sens*, Hachette, 1991.
22. Marcel Proust, *Le Côté de Guermantes*, Bibl. de la Pléiade, Gallimard, 1954, p. 365. On remarquera que chez Proust les seuls baisers réellement apaisants sont les baisers maternels (ou leurs équivalents), parce qu'ils donnent à l'enfant la « présence réelle » de sa mère.

on pourrait aussi anticiper et lire en filigrane à travers cet alunissage raté sur la face d'Albertine le triomphe à venir du baiser de cinéma qui, lui, fera vivre en gros plan cette descente vertigineuse dans une intimité. Quel meilleur moyen, en effet, d'approcher un visage que ces travellings, ces zooms, ces plongées, ces contre-plongées, tout ce ballet visuel bien réglé qui grossit les acteurs - et surtout les actrices... - à la dimension de divinités (de mamans géantes) et nous les offre, toutes lisses et roses, à *adorer* (littéralement, à porter à la bouche - *ad os portare*) ? Mais c'est des yeux seulement que nous les dévorons, petits Draculas confortablement installés au fond de nos fauteuils et protégés par l'obscurité de la salle qui garantit notre impunité[23]...

Parce qu'il y a, vous le savez bien, de la voracité dans le baiser, et certaines embrassades, hélas ! finissent mal. Fort mal. *Certaines chairs de femme*, explique Proust, *donnent envie de pousser jusqu'à la morsure l'insuffisance du baiser*[24]. Faute de posséder ce qu'il convoite avec tant d'avidité, le baiser peut s'exaspérer et vouloir demander à la chair raison de sa passivité. On aurait tort de l'oublier : les dents sont derrière les lèvres qui attendent leur heure. Toute bouche est toujours prête à mordre, demandez au Petit Chaperon rouge... Encore les choses pour lui sont-elles claires : le loup s'est déguisé en grand-mère. Mais si la vérité était infiniment plus triste ? Si c'était la grand-mère qui cachait ses dents de loup sous son bonnet de dentelle ? N'est-ce pas, comme le souligne férocement Agnès Desarthe, ce que ressentent quotidiennement les enfants qu'on pousse vers le baiser comme vers l'abattoir :

*Elle appelait ça un bifteck. L'opération consistait à appliquer sur la joue de l'enfant une bouche largement ouverte, langue vers l'avant, et à aspirer mollement, sans mordre, en tâtant la chair tendre du bout des papilles. L'enfant trouvait ça effroyable, mais il était reconnaissant à sa vieille grand-tante de donner un nom aussi adéquat à ce baiser. Comme un bifteck, il était sanglant, flasque, humide et dégoûtant*[25].

---

23. Voir *infra* Dominique Noguez, « Vingt et quelques baisers de cinéma », *p. 164* et, sur Dracula et ses confrères, René Louis, « L'ogre amoureux », *p. 183*.
24. Marcel Proust, *Contre Sainte-Beuve*, dans la version de Bernard de Fallois, coll. « Idées Gallimard », 1954, p. 56-57.
25. Agnès Desarthe, « La bouche », in *Nourritures d'enfance*, coll. Mutations, éditions Autre-

En vérité, qui n'a souvenir d'avoir été ainsi marqué au baiser comme on l'est au fer rouge ? Comme si les adultes aimaient à imprimer leurs crocs, à laisser durablement leur signature sur les générations montantes, peut-être pour se venger d'elles (de leur insouciance, de leur jeunesse), peut-être aussi pour se régénérer à leur contact. On comprend que Françoise Dolto ait ironisé sur ces *fricassées de museaux*, préférant et de loin, à la bouche remplie de baisers celle remplie de paroles. Le baiser, soit ! mais à la condition qu'il laisse quand même un peu respirer ses victimes, qu'il ne les viole pas trop vite...

Sans rire, je suis persuadé, Madame, que nous sommes là au cœur de notre sujet et que la chose au monde qui nous semble, à vous comme à moi, la plus douce et la plus délicieuse, celle vers laquelle tout naturellement nous tendons, peut paraître à d'autres et en d'autres circonstances rapt, mainmise, violence insupportable. Parions que Jean-Paul Sartre aurait prouvé que notre liberté était ici en jeu ! C'est que le baiser reflète d'abord un rapport de forces : échange, commerce heureux entre deux êtres lorsque tout va bien, il peut être aussi lutte, tension, champ de bataille. Ce n'est pas un hasard, du reste, si tant de civilisations se sont méfiées de lui et l'ont écarté de leurs pratiques. À l'évidence, la bouche est trop marquée affectivement pour ne pas être perçue par certains comme source de dangers, surtout lorsque, non contente de donner des baisers, elle prétend aussi en recevoir. Ainsi, les Africains se moquent volontiers de nos *langues fourrées* et se secouent de joie sur leurs fauteuils lorsqu'ils nous voient, sur grand écran, y consacrer tant d'énergie. De même les Esquimaux, troquant un orifice pour un autre, préfèrent faire du nez le point de départ de toutes les excitations agréables, ce nez qui se frotte, se renifle, se gratte...[26] Il serait intéressant certes de se demander si ces comportements sont en relation avec les traditions orales propres à ces sociétés ou avec les règles d'alimentation en vigueur chez elles, mais le fait est là : pour tous ces peuples, le baiser sur la bouche est une

---

ment, avril 1992. Sur le même thème on se reportera *infra* à l'article de Catherine Dommergues « C'est pour mieux te manger, mon enfant ! », *p. 81*.

26. Jean Malaurie, *Les Derniers Rois de Thulé*, Plon, 1976, p. 269.

incongruité. On se trompe de lèvres, on entre par la mauvaise porte. On n'en sera, par comparaison, que plus étonné de voir à quel point nous avons pris plaisir, dans notre culture occidentale, à entretenir la confusion des genres et à passer sans transition de la bouche qui parle à celle qui embrasse ou dévore. Comme si chacun de ces registres devait s'enrichir de la proximité des autres, jouer de leurs harmoniques...

En même temps, la signification ultime du baiser gît peut-être au fond de cette ambiguïté : je pourrais te manger (j'en ai bien envie d'ailleurs !), mais je vais te laisser aller, je vais juste t'effleurer du bord des lèvres en te dévoilant mon désir et en t'indiquant par là même que j'y renonce. Si j'admets avec Emmanuel Lévinas[27] que le visage d'autrui s'identifie pour moi à la loi morale et m'impose, par sa seule présence, un *Tu ne tueras point* catégorique, alors il faudrait dire que cet instant où je tends mes lèvres vers lui est celui où je donne forme à ce commandement. Inversant les signes, j'abdique officiellement mon pouvoir de nuisance, je rentre mes crocs pour laisser aux lèvres seules le soin de s'avancer... et de se retirer. En d'autres termes, je reconnais l'autre pour ce qu'il est : un être totalement différent et distinct de moi avec lequel, le temps d'un baiser, je passe alliance.

Vous m'objecterez que ce baiser est trop parfait pour être celui des amants et qu'il ne faut pas ôter à ces derniers le plaisir de se mordre et de se mordiller un peu... Les jeunes chiots ont besoin de se faire les dents, de jouer avec leur propre force et d'en éprouver les limites pour découvrir la vie. Ils ont envie, on les comprend, de s'amuser avec le feu... Non, si l'on veut vraiment dégager un modèle idéal, c'est plutôt du côté du baiser maternel qu'il faudrait nous tourner, vers ce geste qui, un instant encore, lie l'enfant à sa mère, le retient dans son sein, et déjà l'en délie, déjà lui donne l'autorisation d'exister par lui-même. En voulez-vous la preuve ? Observez, s'il vous plaît, une maman qui accompagne son enfant à la porte de l'école et voyez comment, par la seule magie de ce baiser qu'elle dépose sur son front, elle lui remet à la fois les clés de sa liberté et l'assure secrètement de sa présence auprès de lui

27. Emmanuel Lévinas, *Totalité et Infini*, Martinus Nijhof, La Haye, 1971, p. 172-175.

pour le reste de la journée... Ne croirait-on pas quelque talisman ? ou quelque bénédiction invisible ? Et c'est bien comme tel que son bénéficiaire l'accueille, s'immobilisant, silencieux, attentif, pour ne pas s'en laisser disperser les vertus. Décrivant une scène d'adieu entre une mère et sa fille, Kierkegaard parle ainsi d'*un baiser qui ne s'empare pas de quelque chose comme fait un baiser humain, mais (d')un baiser divin qui donne tout, qui donne à la jeune fille la puissance du baiser*[28].

Oui, ces baisers-là nous apprennent à grandir. Ils veillent mystérieusement sur nous. Et c'est bien pourquoi entre tous ceux dont on garde la mémoire, les plus terribles finalement sont ceux qu'on n'a pas eus, ceux, dit Pascal Quignard, dont *le défaut nous cuit encore la joue*[29]. Ils s'inscrivent en nous comme un creux que rien ne pourra combler, un moule dans lequel viendront se loger - sans jamais le remplir - ceux que nous recevrons à l'avenir. Mais peut-être sont-ils, à leur façon, nécessaires également. Peut-être, pour que l'enfant apprenne enfin le prix des choses, a-t-il fallu qu'un soir il se retrouve seul, exilé et en larmes au bord de son sommeil, parce que sa mère lui refusait ce viatique essentiel : un baiser.

Voilà. Je ne voudrais pas, Madame, vous fatiguer davantage avec l'exposé fastidieux de tous les baisers qui existent... ou qui n'existent pas. J'en ai assez dit, je l'espère, pour vous convaincre de la difficulté de l'entreprise. En un mot, ne comptez pas sur moi pour écrire un traité exhaustif des baisers, ils sont trop mêlés à nos vies et de trop de manières pour qu'on puisse jamais les isoler et les découper au scalpel. Néanmoins je veux bien, si vous insistez réellement, et en faisant appel à des esprits mieux préparés que le mien, en évoquer quelques-uns parmi ceux qui s'échangent de par ce vaste monde. Cela ne sera au mieux qu'une promenade au pays des baisers - comme Mlle de Scudéry en faisait jadis en imagination sur la carte du Tendre -, mais j'aurai plaisir, je l'avoue, à parcourir ces vallons avec vous et à y découvrir, qui sait ?, des sites, des panoramas inédits. Toutefois, je vous demande une grâce : ne

28. Sören Kierkegaard, *Le Journal du séducteur*, Folio Gallimard, p. 132.
29. Pascal Quignard, *Le Salon du Wurtemberg*, Gallimard, 1986.

pressez point le pas, laissez-nous le temps de flâner, de rêver, d'admirer avant de nous engager dans une sente qui nous paraîtra plus propice à notre réflexion. Souvenez-vous, je vous prie, que les plus doux baisers doivent se faire attendre...

*Si, de tes lèvres avancées,*
*Tu prépares pour l'apaiser,*
*À l'habitant de mes pensées*
*La nourriture d'un baiser,*

*Ne hâte pas cet acte tendre,*
*Douceur d'être et de n'être pas,*
*Car j'ai vécu de vous attendre,*
*Et mon âme n'était que vos pas*[30].

30. Paul Valéry, « Les Pas » in *Charmes*, Bibl. de la Pléiade, Gallimard, 1957.

*Gérald Cahen*

# 1. *Rituels, sacrés, officiels*

*Du baisemain à l'étreinte amoureuse, il est mille formes de baisers, certains donnés à l'étourdie, « presque » innocemment, d'autres plus solennels, plus chargés de promesses. Mais volages ou passionnés, tendres ou simplement courtois, tous signent, à un moment, l'état d'une relation entre deux personnes.*
*Tous mesurent notre appartenance à une société et à ses coutumes. À un temps et à un lieu donnés.*

*Baise m'encore, rebaise moy et baise :*
*Donne m'en un de tes plus savoureus,*
*Donne m'en un de tes plus amoureus :*
*Je t'en rendray quatre plus chaus que braise.*

*Las, te plein tu ? ça que ce mal j'apaise,*
*En t'en donnant dix autres doucereus.*
*Ainsi meslans nos baisers tant heureus*
*Jouissons nous l'un de l'autre à notre aise.*

*Lors double vie à chacun en suivra*
*Chacun en soy et son ami vivra.*
*Permets m'Amour penser quelque folie :*

*Toujours suis mal, vivant discrettement,*
*Et ne me puis donner contentement*
*Si hors de moy ne fay quelque saillie.*

Louise Labbé, *Les Sonnets* (Sonnet XVIII), Seghers, 1982.

# Signe de paix, symbole d'amour[1]

*Yannick Carré*

*Marque d'estime, d'amitié, d'affection, le baiser sur la bouche a sa place, dès l'Antiquité, dans les rites de salutation. Mais c'est surtout au Moyen Âge, aux* XI<sup>e</sup> *et* XII<sup>e</sup> *siècles, qu'il acquiert une signification publique avec l'hommage vassalique ou lors des cérémonies d'ordination des clercs. Essentiellement masculin et élitiste, il a alors valeur de sceau, de pacte indissoluble. Il ratifie solennellement l'entrée dans une communauté.*

## *Le baiser dans l'Antiquité : salutations et amours masculines*[2]

Laban accueillant son neveu Jacob « courut au-devant de lui, le prit dans ses bras et, l'ayant baisé plusieurs fois, le mena en sa maison » (Gen, 29, 13). Chez les Hébreux, le baiser, qui était pratiqué comme geste érotique ou affectueux, avait aussi sa place dans les salutations. Il s'échangeait surtout entre membres d'une même famille, avant ou après une absence prolongée. Ce geste pouvait également marquer la réconciliation ou le pardon. Ainsi, pour signifier son pardon du meurtre d'Amnon, David baisa

1. Cet article traite essentiellement du baiser *sur la bouche* qui est *le baiser* par excellence, même si les autres manières du geste (sur la main, le pied...) lui sont liées et présentent un intérêt évident.

2. Il n'existe pas, à ma connaissance, d'étude générale en français sur les pratiques du baiser dans l'Antiquité. Un article allemand fournit de nombreuses références : W. Kroll, « Kuß », dans Paulys, *Realencyclopädie der classischen altertumwissenschaft*, B V suppl., 1931. Je remercie vivement François Leroux pour la traduction de ce texte. Voir aussi *Le Baiser* [ouvrage anonyme], Berger-Levrault, Nancy, 1888 ; F. Buffière, *Éros adolescent*, Belles-Lettres, 1980. Concernant l'Antiquité, le présent article se veut simplement l'indicateur de quelques pistes de recherche.

Absalom (II Samuel, 14, 33). Accompagné d'une prosternation préalable, le baiser montrait le respect particulier porté à un hôte, un ami, un parent : « Moïse, étant allé au-devant de son beau-père, se prosterna et le baisa ; ils se saluèrent avec des paroles de paix. Et Jethro entra dans la tente de Moïse » (Ex, 18, 7). L'usage se perpétue jusqu'à l'époque de Jésus : le Maître reproche un jour à Simon-Pierre de ne pas l'avoir honoré d'un baiser (Luc, 7, 45) et Judas donne un baiser à Jésus pour le désigner à ceux qui viennent l'arrêter[3].

Chez les Perses, le baiser de salutation ne se pratiquait sur la bouche qu'entre personnes de rang égal : « Lorsque deux Perses se croisent en chemin, voici par quoi l'on peut reconnaître qu'ils sont du même rang : au lieu de prononcer des formules de politesse, ils s'embrassent sur la bouche ; si l'un d'eux est d'un rang quelque peu inférieur, ils s'embrassent sur les joues ; si l'un d'eux est de naissance très inférieure, il se met à genoux et se prosterne devant l'autre[4]. » Notons que le caractère égalitaire du baiser sur la bouche et la hiérarchie marquée par différents baisers (sur la main, le pied, le vêtement...) se retrouveront longtemps après Hérodote, dans différents rituels du Moyen Âge occidental.

La Grèce antique ne semble pas avoir connu l'usage du baiser de salutation sur la bouche, « sauf entre père et fils, frères ou amis exceptionnellement proches et chers », avant la seconde moitié du IVe siècle av. J.-C. L'usage plus courant du baiser aurait alors été établi chez les Grecs sous l'influence d'Alexandre, vainqueur des Perses. Cette coutume se serait ensuite tellement répandue que même « des gens que le hasard réunissait, des compagnons de voyage improvisés, s'embrassaient cordialement », au IIe siècle ap. J.-C.[5]

3. Les dictionnaires de la Bible et les concordances signalent une quarantaine d'occurrences du baiser sur la bouche dans la Bible. Le texte cité ici est celui de la Vulgate.

4. Hérodote (v. 485-425 av. J.-C.), *L'Enquête*, I, 134 ; trad. A. Barguet, La Pléiade, 1964, p. 108 (le traducteur note que le texte est incertain). Xénophon (v. 430-355 av. J.-C.) signale aussi le baiser sur la bouche comme rite de salutation chez les Perses (*Cyropédie*, I, 4, 27-28 ; *Agésilas*, V, 4-6).

5. Voir K. J. Dover, *Homosexualité grecque*, trad. fr., Grenoble, 1982, p. 84 ; *Le Baiser*, 1888, p. 56. Clément d'Alexandrie (v. 150-215 ap. J.-C.), *Le Pédagogue*, III, 11, et Cyrille de Jérusalem (v. 315-387), *Cat. Myst*, V, 3, parlent de l'usage très fréquent du baiser « entre amis ordinaires ».

Cette évolution s'accorde en tout cas avec celle des gestes de salutation chez les Romains.

Les dernières décennies de la République voient probablement se diffuser le baiser de salutation, auparavant réglementé par le « droit du baiser » *(ius osculi)*. Cette coutume engageait les femmes à accorder le baiser aux membres de leur famille proche et imposait à l'entourage des magistrats de les honorer par le même geste[6]. Au Ier siècle av. J.-C., les amis intimes se baisent sans retenue lors des retrouvailles ou des séparations : Numida, à son retour d'Espagne, partage ses baisers entre tous ses amis, mais la meilleure part est pour « son cher Lamia[7] ». Plus tard, au Ier siècle de notre ère, l'usage du baiser de civilité connaît de tels excès que les auteurs satiriques s'en donnent à cœur joie dans leur dénonciation des mœurs de la Rome impériale :

> Impossible, Flaccus, d'éviter les baiseurs. Ils vous pressent, vous retardent, courent après vous, [...] de tous côtés, à tout propos, partout. Ulcère malin, pustules enflammées, menton repoussant aux croûtes sales, lèvres enduites de pommade huileuse ou glaçon suspendu au bout du nez ne serviront à rien. Un capuchon [...], une litière défendue par un rideau de cuir et un autre d'étoffe, une chaise à porteurs bien fermée ? Par toutes les fentes on verra s'insinuer le baiseur. Le consulat lui-même, le tribunat, la fière baguette du licteur tonitruant ne pourront écarter de vous le baiseur[8].

Hors les conventions sociales ou les effusions entre parents ou amis chers, le baiser connut, en Grèce tout particulièrement, la faveur des amants de même sexe. Dans les *Mémorables*, Xénophon fait dire à son maître Socrate que le baiser d'un beau garçon est plus dangereux encore que la morsure d'une tarentule, car le

6. Voir Du Cange, *Glossarium, osculi ius* ; Kroll, *art. cit.*, col. 515 ; N. J. Perella, *The kiss sacred and profane*, 1969 ; J.C. Bologne, *Histoire morale et culturelle de nos boissons*, Paris, Laffont, 1991.
7. Horace (65-8 av. J.-C.), *Ode XXXVI*, 1 ; *cf.* éd. et trad. F. Villeneuve, Paris, Belles-Lettres, p. 49. *Le Baiser*, 1888, p. 58, signale aussi des exemples chez Catulle (v. 87-54 av. J.-C.) et Ovide (43-17 av. J.-C.).
8. Martial (v. 40-102 ap. J.-C.), *Epigrammes*, XI, 118 ; voir aussi II, 10, 12, 21-23 ; VII, 115 ; VIII, 44 ; X, 22 ; éd. et trad. H. J. Isaac, Paris, Belles-Lettres. *Le Baiser*, 1888, p. 62, signale également Juvénal (60-140 ap. J.-C.), *Satires* 3 et 5.

contact des lèvres avec un jeune homme réduit instantanément en esclavage l'aîné qui s'y est risqué[9].

Platon, autre disciple de Socrate, ne concède point au baiser une si forte puissance érotique. Le grand auteur du Ve siècle admet les vertus de la relation entre un homme mûr et son « aimé », mais ils ne devront pas rechercher ensemble le plaisir « excessif ». Car « l'abus du plaisir trouble l'âme et n'est pas compatible avec la tempérance et la vertu en général ». Toutefois, l'amant peut « baiser, fréquenter, embrasser le jeune garçon comme un fils, en vue d'une noble fin[10] ». Dans *La République*, la question du baiser revient au chapitre V. Lors des batailles, les garçons qui ne combattent pas encore, montés « sur des chevaux très légers à la course », doivent suivre les faits et gestes de leurs aînés afin de voir « ce qu'ils auront à faire un jour ». Ils apprennent ainsi les techniques de la guerre en pouvant s'échapper si le combat tourne mal. La bataille terminée, les jeunes gens viendront récompenser les plus vaillants guerriers par le don d'une couronne, une poignée de main... et des baisers. Platon ajoute même que « pendant la durée de l'expédition, il ne sera permis à aucun de ceux qu'il [un vaillant guerrier] voudrait embrasser de s'y refuser, afin que le guerrier qui aimerait quelqu'un, homme ou femme, soit plus ardent à remporter le prix de la valeur[11] ».

Ce rite du baiser, motivé par le surcroît d'ardeur attendu des champions, s'explique par les vertus accordées à l'amour et plus simplement à l'érotisme ou à la recherche de gloire. On peut aussi y voir une motivation plus ésotérique, non mentionnée par Platon, mais que lui-même ou sa source d'inspiration n'ignorait pas. Le meilleur combattant, en embrassant « chacun » des futurs soldats, leur transmet par son souffle vertus et vaillance guerrières. Cette

9. Xénophon, *Mém.*, I, 3, 10-12. Voir aussi *Le Banquet*, IV, 25-26. La comparaison citée par Xénophon est reprise par nombre d'auteurs chrétiens jusqu'au XVIe siècle, à propos cette fois des baisers trop voluptueux entre homme et femme.

10. Cit. F. Buffière, *Éros...*, p. 424 ; Platon (427-347 av. J.-C.), *La République*, III, 402, d-e ; trad. R. Baccou, Paris, GF, 1966 et E. Chambry, Paris, Belles-Lettres (403, b). Le rejet du plaisir total, vu comme tuant l'amour et annulant ses vertus, sera prôné dans la doctrine de l'amour courtois en pays d'Oc. Le baiser s'en trouvera alors véritablement sublimé.

11. Platon, *Rép.*, V, 468 a-b ; trad. R. Baccou ; voir aussi F. Buffière, *Éros...*, p. 425. À la fin du Moyen Âge, au moins dans les tournois, le baiser des dames sera aussi l'une des récompenses accordées au vainqueur. De nos jours, les coureurs cyclistes connaissent toujours cette faveur.

insufflation ou transfusion de données animiques par le baiser se retrouve dans de nombreuses traditions et, en Grèce, dans les épigrammes amoureuses de plusieurs poètes[12].

Signalons enfin qu'à Mégare, au temps de Théocrite (IIIe siècle av. J.-C.), se déroulait un concours de baisers réservé aux garçons. Dans cette épreuve, celui qui avait imprimé ses lèvres « le plus suavement » sur les lèvres du juge retournait chez sa mère « chargé de couronnes ». Le concours, unique en son genre, avait lieu sur la tombe de Dioclès. Ce guerrier avait protégé son « aimé » lors d'une bataille en le couvrant de son bouclier, il avait aussi donné sa vie pour le sauver[13]. Les baisers des garçons immortalisaient la bravoure du héros, le récompensant à titre posthume, et insufflaient peut-être chez les candidats la vaillance de leur aîné disparu.

Le Moyen Âge ne semble pas avoir connu de pratique similaire à celle de Mégare, mais il est frappant de constater que bien des usages et des caractères du baiser présents dans l'Antiquité (ritualisation du geste, sens égalitaire, masculinité) se retrouvent, en France notamment, dans les années 1050-1250[14].

## *Les salutations au Moyen Âge : être admis ou exclu du baiser*

Dans les salutations, le baiser n'est pas obligatoire à chaque rencontre : un échange de paroles suffit. Il s'accompagne parfois de gestes ou d'attitudes (incliner la tête ou tout le corps, ôter son « chaperon ») qui deviendront plus tard l'*étiquette*.

Le baiser se justifie surtout quand des liens d'affection unissent des personnages qui ne se sont pas côtoyés depuis un certain temps.

12. Voir F. Buffière, *Éros...*, p. 92 et 317 qui cite l'*Anthologie palatine*, V, 78, et Méléagre (v. 140-170 av. J.-C.). Pour la tradition biblique et médiévale de la transmission du souffle et de l'échange des âmes dans le baiser, voir Y. Carré, *Le Baiser sur la bouche au Moyen Âge, Rites, symboles, mentalités, XIe-XVe siècles*, Paris, Le Léopard d'Or, 1993.

13. D'après F. Buffière, *Éros...*, p. 92. Il cite Théocrite (v. 315-250 av. J.-C.), *Idylles*, XII, 30-37, trad. Legrand.

14. Vie amoureuse, code érotique courtois, rites de salutations, rituels juridiques, liturgie (communion, réception des clercs dans un ordre, sacre royal...) et même expériences mystiques accordent alors au baiser une place de choix. Pour une étude d'ensemble, voir Y. Carré, *Le Baiser...*, ouvrage cité.

Dans les relations entre parents et enfants, il se pratique souvent, même lorsque fils et filles ont atteint l'âge adulte. Pour les liens d'amitié, le baiser entretient et manifeste la puissance du sentiment, aussi bien entre hommes, entre femmes qu'entre hommes et femmes. Ainsi, Lionel et Galehot partent en quête de Lancelot : « Ils prennent congé de la reine, elle leur donne un baiser à tous deux, les larmes aux yeux[15]. » Ami et Amile, compagnons de toute une vie, se baisent avec effusion à chaque retrouvaille ou séparation. « Quand Ami fut guéri et sain, sachez que de voir cela, Amile fut très heureux. Alors fut Ami accolé et baisé, et le Dieu de gloire loué et remercié[16]. »

Chez les clercs, le baiser se pratique fréquemment, mais avec plus de retenue semble-t-il que chez les laïcs. Beaucoup de textes codifient le geste, ils font suite aux recommandations des apôtres Pierre et Paul. Le « baiser de paix » manifeste l'union et la *charité* des hommes de Dieu, application du commandement d'amour, premier commandement de l'Église[17]. En 580, bien avant la période de pleine expansion du baiser, Grégoire de Tours, faisant ses adieux à l'évêque Salvi, nous dit : « Après le synode [...] il nous parut à propos de ne pas nous en aller sans avoir pris congé de ce personnage [Salvi] en lui donnant des baisers[18]. » La règle de saint Benoît, au chapitre *De la réception des hôtes*, prescrit « le baiser de paix », qui toutefois « ne doit se donner qu'après qu'on a prié, à cause des illusions du diable[19] ».

L'usage religieux du baiser de salutation pose cependant problème lorsque des femmes entrent en scène[20]. Le moine Hariulf

15. *Lancelot* (v. 1220), Liv. II, XXIX, 18 ; trad. A. Micha, coll. 10/18, t. 1, p. 406. Dans le vocabulaire français (jusqu'au XV^e^ siècle), comme dans le vocabulaire latin, « baiser », sans précision autre, désigne le geste du baiser *sur la bouche*. Les citations ont été vérifiées dans les textes originaux.

16. *Ami et Amile, chanson de geste* (version française, v. 1200), éd. P. F. Dembowski, Paris, Champion, 1969, 3087-3090, trad. de l'auteur.

17. Exemple dans Paul, *II Cor.* 13, 12 : « Saluez-vous les uns les autres par un saint baiser » ; voir aussi *Rom.* 16, 16 ; *I Cor.* 16, 20 ; etc. Pour le commandement d'amour, Jean, 13, 34-35.

18. *Histoire des Francs*, V, 50. Grégoire, évêque de Tours, fournit d'autres exemples de ce type.

19. Voir A. de Vogüé et J. Neuville, *La Règle de saint Benoît*, Paris, Le Cerf, 1971-1972.

20. Nombre de coutumes monastiques interdisent aux moines de donner le baiser à une femme, y compris « à leur propre mère ». À l'inverse, certaines moniales, voire certaines laïques refusent le baiser à des clercs trop entreprenants ou abusant du « baiser de charité ».

raconte à ce sujet une anecdote exemplaire où Gervin, abbé de Saint-Riquier de 1045 à 1071, refuse de donner le baiser de paix à la reine d'Angleterre. Édith, malgré sa piété et sa générosité envers l'abbaye, se voit exclue de l'honneur du baiser.

> Édith avait pour Gervin une affection et une vénération grande et extraordinaire et, comme elle était généreuse à l'exemple de son mari, elle lui accordait volontiers ce qu'il avait demandé. Il arriva une fois que l'abbé venant de mettre le pied sur sa terre, *la reine lui offrit le baiser de paix et de salutation* ; *mais Gervin refusa avec horreur de l'accepter, pour conserver sa pureté.* Alors celle-ci, se voyant dédaignée par un moine, elle qui était reine, en conçut dans son orgueil un très vif mécontentement et, prise de colère, elle reprit plusieurs dons qu'elle s'était proposée de lui faire afin qu'il priât pour elle. Toutefois comme son mari [le roi Édouard Ier] la blâmait d'avoir voulu poursuivre de sa haine un abbé trop religieux pour enfreindre une loi même rigoureuse et comme d'autres honnêtes gens lui faisaient comprendre qu'il ne fallait pas avoir de la rancune contre un homme si complètement dévoué à Dieu, qu'il refusait même de se laisser séduire par le baiser d'une reine parce que ce geste était contraire à la règle de son ordre, la reine se calma et non seulement elle cessa de blâmer sa conduite, mais elle l'exalta et en fit publiquement grand éloge. Elle se plaignit même dans la suite qu'une telle coutume subsistât chez les évêques et les abbés de son royaume. (La reine fait ensuite un don très précieux au trésor de l'abbaye[21].)

Deux coutumes s'opposent ici à propos du baiser. *La reine obéit au code de civilité de la cour.* Il implique que la souveraine honore d'un baiser sur la bouche les personnages de haut rang, auxquels appartient Gervin par sa fonction, ses origines nobles et sa « vertu ». Gervin, lui, obéit *à la règle de son ordre*, et la règle sacrée l'emporte sur les conventions mondaines. Hariulf enjolive certainement l'histoire du baiser refusé, cependant même si elle est inventée de toutes pièces pour exalter l'obéissance et la chasteté de Gervin - deux des trois vœux monastiques -, la trame reste plausible. Les motifs énoncés n'expliquent sans doute pas totalement le refus du moine et

21. Hariulf, *Chronique de l'abbaye de Saint-Riquier*, Paris, éd. F. Lot, 1894, trad. R. Latouche, *Textes d'histoire médiévale*, Paris, PUF, 1951, p. 227. Pour la critique historique du passage cité, voir aussi Y. Carré, *Le Baiser*..., p. 109-111.

surtout l'attitude des autres acteurs cités, tous *masculins*. La reine, malgré son rang, reste *femme*, être mineur, inférieur à l'abbé sur le plan spirituel. Le refus du baiser permet de sauvegarder le caractère emblématique du « baiser de paix », geste élitiste et réservé aux hommes dans bien des rituels aux XIe-XII[e] siècles. Le narrateur Hariulf ne saurait invoquer cet aspect pour cause évidente de diplomatie. Le roi et « d'autres honnêtes gens », en fait tous des hommes - *viris*, dit le texte latin -, sont pleinement d'accord avec Gervin. Blâment-ils la reine d'avoir de la rancune contre un homme qui ne l'a pas admise à un rite masculin ? Certainement, un détail renforce cette présomption : une fois convertie à la raison des hommes, la reine se plaint de la persistance de l'échange du baiser chez les *évêques* et les *abbés* de son royaume (Hariulf ne nous dit rien des religieuses). À mes yeux, Édith formule cette remarque par dépit - hommes et femmes ne sont pas égaux face au baiser - plutôt que par jugement moral : la question du baiser entre hommes de Dieu et ses éventuelles ambiguïtés ne semblent pas l'avoir préoccupée avant l'incident du refus. Édith réalise durement qu'une femme, même reine, est exclue de certaines pratiques sociales, religieuses, *symboliques*, apanages des hommes, que l'auteur revendique avec une ironie subtile tout au long de sa narration[22].

## *Seigneurs et vassaux : l'union dans le baiser*

Quelque part au XIIe siècle... Dans la grande salle d'un château, le comte Guillaume trône assis et solennel, entouré de ses fidèles. Aujourd'hui Béranger vient lui rendre hommage pour « tenir sa terre de lui ». Aux yeux de tous se déroule alors un *rite* par lequel, des centaines de fois, un dépendant est devenu l'« homme » d'un autre homme qu'on dit son « seigneur ». L'« homme » - le vassal - reçoit fidélité, protection et entretien (rente ou fief) ; en échange,

22. Pour la pratique variable du baiser entre hommes et femmes dans les contrats, voir Y. Carré, *Le Baiser...*, p. 157-158 ; pour l'hommage vassalique, p. 203-205 (jusqu'au XIIIe siècle, les roturiers - eux aussi « mineurs » - n'ont généralement pas accès au rite égalitaire du baiser vassalique *sur la bouche*). Dans la cérémonie de leur consécration, les vierges baisent seulement la *main* de l'évêque.

D.R.

*Hommage d'Édouard Ier d'Angleterre à Philippe IV Le Bel, en 1286.* Chronique, *vers 1400, Paris, Bibliothèque Sainte-Geneviève, ms. 783 (photo F. Garnier)*

D.R.

*L'archevêque de Reims baise le roi Charles V après son intronisation.* Livre du sacre, *1365, Londres, British Museum, ms. Tiberius B VIII, détail*

il jure fidélité à son maître et lui fait don de sa personne, lui assurant son « aide » (militaire et pécuniaire) et son « conseil » (juridique et politique), s'engageant aussi à « garnir la cour » lors des ambassades, des tournois, des chasses, des fêtes et assemblées de toutes sortes. Le pacte ainsi conclu est indissoluble, seule la mort de l'un des deux partenaires ou une faute grave peuvent briser le contrat vassalique, institution parmi les plus importantes de la société féodale[23].

Béranger, genou à terre, fait face au comte Guillaume. Le vassal a placé ses mains jointes entre celles de son seigneur. Guillaume demande à Béranger s'il veut devenir son homme « sans réserve ». « Je le veux », répond Béranger. « Alors tu seras mien », dit le comte. Celui-ci relève doucement son vassal et le baise sur la bouche. Ensuite, Béranger, debout, prête serment la main posée sur un évangéliaire : « Je promets en ma foi d'être fidèle, à partir de cet instant, au comte Guillaume, et de lui garder contre tous et entièrement mon hommage, de bonne foi et sans tromperie. » Guillaume remet alors à son homme une baguette de bois, symbole de la jouissance et de l'autorité que le vassal pourra désormais exercer sur son fief[24].

Comme l'a bien montré Jacques Le Goff, la cérémonie vassalique comporte trois temps distincts. Dans une première phase, *inégalitaire*, l'échange de paroles entre l'« homme » agenouillé et son seigneur ainsi que la « prise des mains » signifient le don de sa personne effectué par le vassal. Dans la seconde phase, *égalitaire*, l'« homme » accède au *baiser sur la bouche*. Enfin, intervient la *réciprocité* : au don du vassal, répond le *contre-don* du seigneur, la remise du fief ou d'une rente[25]. Précisons ici la manière du baiser :

23. Les appellations *féodalité, régime*, ou *société féodale* suscitent aujourd'hui bien des discussions dans le détail desquelles je n'entrerai pas ici. Le tableau dressé dans cet article, à propos de l'hommage, vaut principalement pour la France, la Flandre, les pays de conquête normande après l'an mil (Angleterre, Sicile, Italie méridionale), l'Italie pontificale et les États latins d'Orient.

24. Ce récit s'inspire de la narration, par Galbert de Bruges, des serments vassaliques prêtés au nouveau comte de Flandre, Guillaume, en 1127. Cette description de l'hommage vaut pour les XIe-XIIIe siècles. L'ordonnancement précis des gestes et le contenu des paroles peuvent connaître des variations mais le lien créé reste fondamentalement identique dans toutes les cérémonies d'hommage.

25. Voir J. Le Goff, « Le rituel symbolique de la vassalité » (1976), dans *Pour un autre Moyen*

l'analyse des textes amène à penser que, dans tous les rituels, laïques ou religieux, le baiser s'échangeait lèvres closes mais avec une certaine fermeté. Le geste ayant valeur de sceau se devait sans doute d'être franc et net. Un baiser du bout des lèvres pouvait laisser place à la suspicion de contrainte, de dégoût ou, pis encore, de trahison, et le souvenir de Judas hantait toutes les consciences[26]...

Les écrits juridiques du Moyen Âge nous donnent deux significations explicites du baiser : la *fidélité* (ou « foi ») au pacte conclu et l'*affection* que doivent se porter les contractants. Le *Livre de jostice et de plet* (v. 1260) et nombre de documents des XII<sup>e</sup>-XIII<sup>e</sup> siècles indiquent que le seigneur baise son vassal « en nom de foi ». Les mentions de la valeur affective du baiser sont moins fréquentes ; cependant, Guillaume Durand, éminent juriste du XIII<sup>e</sup> siècle, n'hésite pas à décrire le baiser vassalique comme un « signe d'amour réciproque et perpétuel[27] ». Certaines chartes parlent en termes équivalents. En 1335, lorsque le dauphin Humbert II reçoit l'hommage de ses vassaux d'Auvergne, le document indique que les tenants ont fait l'hommage et prêté serment de fidélité « leurs mains jointes dans celles dudit seigneur Dauphin » et, « le baiser sur la bouche intervenant en signe d'alliance et d'*amour* », ils lui ont promis et juré qu'ils seraient de bons et fidèles vassaux[28]. Dans les rites ou les marques d'amitié des milieux nobles et chevaleresques, le baiser sur la bouche entre hommes est d'ailleurs un véritable *emblème* de l'« amor » qui anime et unit les hommes de la caste guerrière, comparable au « baiser de paix » des clercs symbolisant la « charité » (au sens d'amour christique) qui se doit d'exister chez l'élite des chrétiens[29].

---

*Âge*, Paris, Gallimard, 1977, p. 349-420. Pour l'étude détaillée du baiser vassalique et certaines corrections à apporter à l'article de J. Le Goff, concernant ce geste, voir Y. Carré, *Le Baiser*..., p. 187-215.

26. Ne faisant pas intervenir la langue, la baiser rituel se distingue du baiser amoureux et sans doute de certains baisers « d'amitié ». Voir Y. Carré, *Le Baiser*..., p. 353-367.

27. Guillaume Durand, *Speculum juris* (1271/76 puis 1287/91), II<sup>e</sup> partie, Liv. IV, III, § 1, art. 3 : « *In signum mutae et perpetuae dilectionis, sevandae et fidei, et pacis osculum intervenit.* »

28. Voir Chorier, *Histoire du Dauphiné*, Genève, 1721, II, p. 195. Le baiser peut aussi avoir valeur de *confirmation* du contrat et/ou insister sur l'*alliance* entre seigneur et vassal.

29. Sur le problème de l'amitié et des possibles relations amoureuses chez les chevaliers du Moyen Âge, voir mon ouvrage sur le baiser, chap. 3 et 6, ainsi que les études indiquées dans les notes.

Dans l'hommage, on peut affirmer que le baiser possède, en plus de ses significations *explicites* - celles mentionnées par les textes -, des significations *implicites* ou, si l'on veut, une sorte de langage codé. La symbolique *égalitaire* en constitue le premier élément. Cet aspect était d'ailleurs sans doute conscient chez beaucoup des acteurs ou des témoins d'hommage. Dans d'autres contextes, à la même époque, le baiser est très clairement considéré comme geste d'égalité :

> Celui qui ordonne un homme comme prêtre le communie et le baise sur la bouche ; car le diacre et le sous-diacre, après leur ordination, lorsqu'ils communient, baisent la main de leur ordonnateur. La raison de cette différence, c'est premièrement, parce que [...] l'évêque, en baisant le prêtre, montre qu'il le reçoit à l'égal de son rang, quant à la consécration du sacrement de l'eucharistie, qui est le sacrement de l'amour, que symbolise le baiser[30].

Le baiser rend égal. Dans l'hommage, il possède aussi une autre signification implicite : à la manière du baiser des fiançailles ou du baiser échangé par les nouveaux mariés, le baiser vassalique scelle la formation d'un couple, un couple d'hommes le plus souvent : le seigneur et son vassal. « Le système symbolique de la vassalité a pour référence essentielle un modèle familial, un système de parenté. » Le baiser « s'inscrit dans ce système en tant que geste marquant l'entrée dans une communauté familiale non naturelle, et particulièrement le mariage[31] ». À l'appui de ces propos, on peut remarquer que les sens explicites du baiser vassalique - *union physique*, *fidélité*, *amour* - évoquent fortement le lien du *mariage*. De plus, tout comme le mariage, le lien vassalique est en principe *indissoluble*. L'hommage et son baiser font aussi entrer les « mariés » dans une communauté familiale « non naturelle » plus étendue que leur simple couple : le « réseau féodo-vassalique », l'ensemble des seigneurs et des vassaux. Cette intégration se retrouve dans les rituels d'ordination des clercs (le baiser scelle l'entrée dans un rang

30. Guillaume Durand, *Rational des divins offices* (v. 1286), Liv. II, chap. 10, § 13. Le mérite revient à J. Le Goff d'avoir souligné le rôle égalitaire du baiser dans l'hommage ; les autres rapprochements (avec G. Durand ou le sacre royal dans lequel les pairs de France baisent le roi) sont de mon fait.
31. J. Le Goff, « Le rituel symbolique de la vassalité », *art. cit.*, p. 374-375, 391.

particulier des serviteurs de Dieu), dans la réception des novices (le nouveau moine, baisé par ses frères, rejoint sa famille spirituelle), dans les rituels d'adoubement (le nouveau chevalier est accueilli parmi ses pairs) et *mutatis mutandis* dans le rite eucharistique. Aux XII^e^-XIII^e^ siècles, le « baiser de paix » échangé par les fidèles, qui devait précéder la communion, a en fait souvent *remplacé* celle-ci ; le geste d'amour entretenait alors l'appartenance à la communauté des chrétiens et intégrait même ceux-ci en Dieu[32].

## *Apogée et déclin du baiser : de l'harmonie médiévale aux temps de rupture*

Dans les rituels juridiques et diplomatiques, et plus encore dans la liturgie, le baiser s'avère un geste principalement *masculin, égalitaire, élitiste* et *public.*

*Masculin,* le geste reflète la domination de la société médiévale par deux groupes, avant tout composés d'hommes : « ceux qui prient » (les clercs) et « ceux qui combattent » (les nobles et les chevaliers). *Égalitaire* et *élitiste,* le baiser montre l'importance des ordres (peuple, noblesse, clergé ; hommes et femmes) dans une société pensée à l'image de l'univers comme un *tout ordonné.* L'aspect *public* de nombreux baisers, y compris dans les démonstrations affectives, renforce leur rôle symbolique et la cohésion sociale - les témoins « participent » au geste. Il révèle aussi une profonde *ritualisation* du quotidien, dont le but rejoint les fondements de la pratique théâtrale : sacraliser l'existence terrestre par l'entrée en résonance des activités humaines et des forces du cosmos.

Contact des corps en un point des plus sensuels, échange des souffles et « mélange des âmes », le baiser réconcilie la chair et l'esprit. Il résout cette antinomie dans un accomplissement vers lequel tend la société médiévale : faire coïncider la Cité terrestre

32. Voir à ce sujet les formidables exposés de Lothaire Segni (Innocent III) et Guillaume Durand commentés dans Y. Carré, *Le Baiser...*

et la Cité céleste. L'indispensable *harmonie* pour parvenir à cette adéquation requiert l'*amour* et la *paix*, les deux maîtres mots du Verbe christique, les deux symboles les plus éminents du baiser. Dans les années 1050-1250 culmine la tension vers l'harmonie - double : harmonie individuelle et intérieure, harmonie sociale et collective.

La première se réalise par l'équilibre entre les quatre niveaux majeurs de l'existence humaine : *corporel*, *affectif*, *intellectuel* et *spirituel*. Ces différents « plans » se retrouvent dans les fonctions de la bouche : la nutrition, le baiser, la parole, le souffle - celui-ci, physique *(flatus)* ou spirituel *(spiritus)*, referme la boucle, le Créateur le donne puis le reprend[33]. Dans une société, l'utilisation bien répartie des potentiels de l'homme se perçoit à travers les valeurs respectivement attachées au corps, au cœur, à l'intelligence et à l'esprit.

Au XIIe siècle, chez les laïcs, le boire et le manger, les plaisirs du lit, de la chasse, des guerres et des tournois, ceux du bain et du contact corporel - partager son hanap, sa tranche de pain, son lit, se prendre à bras-le-corps, se baiser sur la bouche - sont autant de signes d'une vie conviviale qui ne renie ni le corps ni l'animalité. Du côté des clercs, nombre de règles imposent la maîtrise de la chair. Certains religieux ont cependant réhabilité le corps au XIIe siècle, il n'est plus l'« abominable vêtement de l'âme » défini par Grégoire le Grand (mort en 604). Il devient lieu de réalisation humaine et spirituelle, à l'image du corps du Christ. L'amitié ou plutôt l'*amour*, pour employer le mot qui revient constamment dans les écrits et les préoccupations du XIIe siècle, est *la valeur* par excellence. Qu'il s'agisse des clercs ou bien des chevaliers - on connaît moins le vécu des humbles, mais chez eux diverses solidarités donnent des indices -, l'amour peut tout donner, l'amour sauve de tout ; il est l'honneur des guerriers et le chemin vers Dieu des gens de prière. Point de valeureux guerrier qui ne souffre, ne *pleure*, ne se lamente, lorsqu'il doit quitter un ami. Point de clerc ambitieux qui ne médite sur le Cantique des cantiques, le poème de l'amour, le texte biblique le plus commenté au XIIe siècle.

33. Sur les quatre niveaux et leurs interactions, voir Y. Carré, *Le Baiser...*, introduction, p. 15.

Pensaient-ils, les hommes du Moyen Âge ? Oui ! Les lettres et les arts, les sciences ne furent point « oubliés », comme on l'a trop souvent répété. Des milliers de manuscrits, de peintures, des sculptures en apportent la preuve. Ils traitent de religion et de littérature, mais aussi de droit, de médecine, de grammaire, d'astronomie... Ajoutons à cela la *culture orale*, les chefs-d'œuvre d'architecture et de technologie que constituaient églises, châteaux et moulins, l'on sera convaincu de la force d'intelligence des « médiévaux ». Enfin, il n'est pas besoin de disserter longuement sur la formidable richesse spirituelle du Moyen Âge, celle du XII^e^ siècle en particulier, où d'anciennes traditions coexistaient avec le christianisme. Le Verbe de Jésus n'était pas encore emprisonné dans le carcan étroit du dogme.

Au point de vue *social*, différents systèmes, les trois ordres mais aussi le réseau féodo-vassalique, les organisations communautaires rurales ou urbaines, tendaient à harmoniser le jeu des forces pour maintenir la paix. La « lutte des classes » n'est pas un concept approprié pour traiter de la société médiévale, il faut plutôt regarder vers les échanges de services, les complémentarités de fonctions, les solidarités contraintes ou choisies, l'importance du cœur, pour pénétrer le souffle qui meut le corps social. L'amour, première valeur, garantissait la paix et l'unité. Quel geste mieux que le baiser pouvait en témoigner ?

Avec le XIII^e^ siècle, la concorde sociale s'effrite, l'Église condamne : croisade contre les Albigeois, Inquisition, torture, censure. Elle devient plus soucieuse du dogme que du commandement d'amour et encourage le rationalisme aux dépens du mysticisme. Le XIV^e^ siècle voit se multiplier les maux. L'État centralisateur accentue son contrôle sur ses sujets. L'intolérance grandit envers les lépreux, les juifs, les « sodomites ». L'ordre du Temple tombe, anéanti par le roi qui fait défaut à sa mission de justice. Mauvaises récoltes dues à un refroidissement du climat, disettes, révoltes urbaines et paysannes, peste noire et enfin guerre de Cent Ans portent gravement atteinte aux liens de charité. Parallèlement, dans les années 1250-1380, *la pratique du baiser recule* (à la messe, dans les contrats, les hommages, dans certains ordres monastiques) ou bien même se voit condamnée (1356, pour le baiser courtois) ou suspectée d'infamie (procès des Templiers).

La deuxième phase d'extinction du baiser rituel survient au XVIe siècle et se constate surtout chez les deux ordres qui dominaient la société médiévale : les clercs et les nobles. Pour chacun d'eux, le baiser était un rite-emblème. Ils l'abandonnent au moment où la société multipartite et de plus en plus laïque (avec ses bourgeois, ses marchands, ses officiers...) prend le pas sur la société tripartite et religieuse. Les clercs et la caste guerrière perdent leurs anciens « offices ». Les armées régulières, l'essor de l'infanterie et de l'artillerie sonnent le glas de la chevalerie : la *militia* n'a plus son rôle ancien de défense et de protection. L'Église est minée par les guerres de religion. Le grand rêve de l'unité chrétienne est brisé, la Réforme catholique n'y peut rien changer. Le baiser, « signe d'union, de charité, de paix et de respect », n'a plus sa place dans les rites : pour le concile de Trente l'accolade des joues suffira. En dernier lieu, *les valeurs changent.* La « tempérance » détrône l'amour et devient la vertu par excellence, « parce qu'elle incarne la mesure en toutes choses[34] ». La *charité* (au sens d'amour), ciment intérieur et social du Moyen Âge, s'estompe au profit d'une *modération* qui se marque notamment par la répression croissante du corps. La *mesure* dénote aussi que la *raison* (au sens de l'intellect) en vient à dominer les autres plans de l'existence humaine. Elle annonce la fin de l'harmonie intérieure, le recul de la spiritualité « charnelle », de l'amour et d'une certaine conception du baiser.

Ainsi, avec cette conception, disparaît le Moyen Âge.

34. Voir J.-Cl. Schmitt, *La Raison des gestes dans l'Occident médiéval,* p. 239, Gallimard, Paris, 1990.

# Du sacré à l'intime

*Jean Claude Bologne*

*À partir de la Renaissance, le baiser va perdre peu à peu sa fonction officielle et sacrée. Il devient un geste de tendresse qui touche, mais qui n'engage plus. Entre personnes de rangs différents, entre parents et amis, on s'embrasse désormais joue à joue, tandis que le baiser sur la bouche, réservé aux amants, prend, lui, une connotation beaucoup plus érotique. Il ne couronne plus une relation, il l'amorce, il ouvre la fête amoureuse.*

« Un baiser, mad'moiselle Rose, / C'est peu de chose », chantaient nos grands-parents. Peu de chose, sans doute, mais au terme d'une évolution qui a duré quatre siècles et qui a ôté tout sens sacré à l'échange des souffles. Entre le XVIe et le XIXe siècle, en effet, un grand mouvement de repli va affecter l'histoire des mœurs. La lente éclosion de l'intimité concerne aussi le baiser : ses formes officielles et publiques disparaîtront peu à peu.

## *Du sacré au symbolique*

Le baiser sacré est le premier touché : les cérémonies religieuses et publiques devront désormais se passer d'un de leurs principaux gestes symboliques. À l'église, les fidèles ne s'échangent plus directement le baiser de paix, mais posent leurs lèvres sur une tablette niellée, l'osculatoire : attesté depuis le XIIIe siècle, celui-ci se généralise à la fin du XVe. Les clercs seuls conservent le vieux geste lors des cérémonies solennelles... ainsi que les piétistes, que raille

Voltaire[1] ! Les autres baisers dévots deviennent alors suspects : Henri Estienne, dans l'*Apologie pour Hérodote* (1566), se moque de celui pris par un curé à une paroissienne, ou même à un autre homme, ou de l'habitude catholique de baiser les reliques. Et les anecdotes piquantes ne manquent pas, où les fidèles doivent embrasser les pieds puants d'un « vénérable vérolé », un charbon ardent prétendument relique de saint Laurent ou une petite croix qui se réchauffe si le don est insuffisant[2]... La polémique entre les deux religions chrétiennes contribue à discréditer le vieux geste.

En trois siècles, le ménage est fait. Aujourd'hui, les fidèles se donnent la paix par une poignée de main. Les seuls baisers sacrés subsistants sont ceux du prêtre à l'autel, ou l'usage rétabli par Jean-Paul II d'embrasser la terre du pays où il débarque. Rituel aussi, le baiser échangé par les mariés au terme de la cérémonie, souvenir peut-être du droit d'oscle médiéval. Mais quel mari, au moment du divorce, reprendrait aujourd'hui à son compte la fière et douloureuse réplique de Richard II, dans la pièce de Shakespeare : « Laisse-moi rompre par un baiser les vœux qui nous unissent ; par un baiser ? impossible... puisque c'est par un baiser qu'ils ont été scellés[3]. » Il s'agit désormais d'un geste de tendresse, qui touche, mais qui n'engage plus.

Le baiser d'hommage, qui se donnait sur la bouche du suzerain à la réception du fief, est lui aussi remis en cause dès le XVIe siècle, à cause des problèmes posés lors de l'investiture des femmes. Sauval raconte comment une dame noble de Blois, qui avait refusé ce geste coutumier, vit néanmoins son hommage validé après procès. L'Église le gardera plus longtemps : en 1605, Bignon signale qu'à l'issue du vote les cardinaux embrassent encore leur nouveau pape aux pieds, aux mains et sur la bouche[4].

Le baiser de paix entre hommes, donné aussi sur les lèvres, est emporté dans la tourmente. Henri Estienne trouve bien à redire à

1. Voir *Le Baiser*, Nancy, Berger-Levrault, 1888, p. 32 ; Voltaire, *Dictionnaire philosophique*, article « Baiser ».
2. Henri Estienne, *Apologie pour Hérodote*, éd. 1735, I, p. 94 ; III, p. 105, 282, 348, 362.
3. Shakespeare, *Richard II*, acte V, sc. I, Paris, Gallimard (La Pléiade) 1959, t. I, p. 589-590.
4. Henri Sauval, *Histoires et recherches des antiquités de la ville de Paris*, Paris, Ch. Moette, 1724, t. II, p. 465 ; Jérôme Bignon, *Traité de l'élection des papes* (1605), Paris, Jouby et Roger, 1874, p. 36.

celui de saint François au trop joli frère Massé... Plus solennel que le simple baiser de salutation, il restera quelque temps dans certains protocoles, ou entre religieux. Mais dès le XVIe siècle, certains hésitent à s'y soumettre. Chez les franciscains, on apprend ainsi aux novices à embrasser les *patres* sur « la main, la corde ou les pieds, s'il ne leur plaist de presenter la bouche[5] ». Il est difficile, devant l'imprécision des termes, de dire quand on cesse de se donner la paix sur les lèvres. Mais il semble bien qu'au XVIIe siècle les hommes aient totalement renoncé à cet usage. Une simple accolade a pu être conservée dans les cérémonies (remise de décorations...), mais le geste n'est qu'un mauvais succédané de l'échange des souffles. En 1904, Émile Bayard trouvera logiquement « un peu ridicules sans la signification emblématique » le baisement religieux et l'accolade d'homme à homme, « ombre et souvenir » du baiser protocolaire[6].

Le baiser, désormais, n'a plus de valeur sacrée. La preuve, si besoin en est, en sera fournie à la Révolution française par une accolade restée fameuse : le « baiser Lamourette ». Le 7 juillet 1792, l'abbé Lamourette prononça un discours pathétique à l'Assemblée législative alors déchirée entre factions adverses, et son appel à la concorde fut suivi d'une embrassade générale au nom de la fraternité. Mais, le lendemain, les haines reprenaient le dessus et l'évêque constitutionnel de Lyon voyait durablement son nom accolé à une réconciliation éphémère et hypocrite. Lorsqu'il monta sur l'échafaud, le peuple l'invita à une cruelle réconciliation en « baisant Charlot » (le bourreau). Le baiser Lamourette est le dernier et ridicule soubresaut du baiser sacré, qui perdait de sa crédibilité depuis trois siècles.

Le baiser, jadis sacré, est devenu un simple symbole de réconciliation, émouvant, peut-être, mais rarement efficace. Particulièrement célèbre fut celui donné par Sadate à Begin à Camp David, le 17 septembre 1978 - l'histoire en fit un sanglant baiser Lamourette. Plus discret, mais plus touchant, celui échangé le 9 septembre 1988 par un Allemand de l'Est et son amie de l'Ouest, à Stuttgart,

---

5. Henri Estienne, *Apologie pour Hérodote*, II, 37, p. 217.
6. Émile Bayard, *La Pudeur dans l'art et dans la vie*, Paris, A. Méricant, 1904, p. 155.

pour signifier le désir de réunir les deux Allemagnes. La police l'interrompit après un quart d'heure...

## *Baisers familiaux*

Le domaine où le baiser résiste le mieux, en dehors de sa signification amoureuse, est sans doute celui des relations familiales. Dans une société qui a assimilé depuis longtemps l'interdit de l'inceste, tout ne peut être que chaste à l'intérieur d'une famille. Et, pourtant, le baiser familial lui aussi va devenir suspect. Entre mâles (entre frères, ou entre père et fils), il sera jugé trop efféminé et aura tendance à disparaître. Les parents se verront souvent confinés au front de leur fille. Chez Montaigne déjà, le dégoût se mêle à la hantise de la contagion lorsqu'il évoque « les estroits baisers de la jeunesse, savoureux, gloutons et gluans », dont il garde l'odeur des heures durant[7].

Les médecins eux-mêmes ne sont guère partisans du « mignotage » des enfants par des mères trop faibles. Les jeunes accouchées, surtout, estime le médecin Jacques Duval, devraient :

> se garder de ce zèle indiscret qu'elles ont d'embrasser et baiser leur enfant. On reconnaît que par leur indiscrétion, elles leur portent un amour de singe, qui est dit-on de serrer si fort ses petits par un ardent désir d'amitié, qu'il les suffoque[8].

Mais si les marques de tendresse se font distantes dans les milieux aristocratiques ou distingués, les milieux bourgeois n'ont pas de ces pudeurs, et le « Malade imaginaire » de Molière se laisse encore attendrir par « des bras jetés au cou » et un « mon petit papa mignon ». Baisers affectueux, qui ne sont probablement plus donnés sur les lèvres : « Les peres & meres doivent baiser leurs enfants au front », note Furetière en 1690. Mais cet appel à plus de retenue ne suppose-t-il pas qu'elle est encore peu répandue ?

Au témoignage, indigné, de Mercier, en effet, les grandes

7. Montaigne, *Essais*, I, ch. 55, « Des senteurs ».
8. J. Duval, *Des hermaphrodits, accouchemens des femmes...*, Rouen, 1612, p. 260-262, cité par Jacques Gélis dans *Histoire de la vie privée*, Ariès et Duby dir., Le Seuil, 1986, t. III, p. 323.

embrassades restent courantes à Paris à la fin du XVIIIe siècle, au moins dans les milieux bourgeois. « Il est des embrasseurs impitoyables, écrit-il, qui épouvantent les demoiselles avec leurs baisers appuyés, tandis que l'homme délicat craint d'effleurer cette jeune peau. » À voir ces « museaux épais qui vont tomber sur ces visages de roses », il croit voir tomber une pierre sur un pot de fleurs. Au moins devrait-on défendre d'embrasser de jeunes enfants : « Des physionomies bourgeonnées, des nez barbouillés de tabac, des barbes dures s'emparent de ces visages délicats, sans craindre de ternir le velouté d'une peau douce et fraîche[9]. » Dans sa *Vie de Voltaire*, Du Vernay rapporte que le vieux philosophe se faisait scrupule d'embrasser sa jeune protégée ailleurs que sur le front. C'est elle qui se jetait à son cou, s'attirant chaque fois cette amère remarque : « C'est la vie qui embrasse la mort. » Dernier sursaut de la réserve classique : le XIXe siècle verra le triomphe de la tendresse bourgeoise. Stendhal et Proust se feront les chantres du baiser maternel, ici fougueux, là protecteur.

Quant aux baisers échangés entre cousines, il peut se charger de sentiments inavouables. Dans *La Nouvelle Héloïse* de Rousseau, Saint-Preux s'enflamme à voir Julie embrasser Claire : « Non, rien, rien sur la terre n'est capable d'exciter un si voluptueux attendrissement que vos mutuelles caresses ; et le spectacle de deux amants eût offert à mes yeux une sensation moins délicieuse[10]. » Le rôle de la cousine est lui-même trouble dans l'aventure, mais l'ambiguïté du baiser est notable, à une époque où le geste est de plus en plus réservé aux amants.

## *Baisers de politesse*

Le baiser de salutation, qui se faisait sur la joue pour les bourgeois, sur les lèvres dans la noblesse, est attaqué à la fin du Moyen Âge, tant par les prédicateurs (Menot, à la fin du XVe siècle) que par les philosophes (Montaigne, à la fin du XVIe siècle).

9. Sébastien Mercier, *Tableau de Paris*, Paris, éd. de la Bibliothèque nationale, 1884, t. III, p. 87, ch. CXII.
10. Rousseau, *La Nouvelle Héloïse*, part. I, lettre 38.

> C'est une desplaisante coustume, dit celui-ci, & injurieuse aux dames, d'avoir à prester leurs lèvres à quiconque a trois valets à sa suitte, pour malfaisant qu'il soit. Et nous mesme n'y gagnons guere : car, comme le monde se voit party, pour trois belles il nous en faut baiser cinquante laides ; & à un estomac tendre, comme sont ceux de mon aage, un mauvais baiser en surpaie un bon[11].

Ambiguïté là aussi avec le baiser sexuel, témoin la nouvelle de Bonaventure des Perriers, *D'un gentilhomme qui mit sa langue dans la bouche d'une damoiselle en la baisant.* Pratiqué uniquement dans l'aristocratie entre homme et femme, le baiser de salutation sur la bouche vit ses derniers moments.

Mais ce passage à une politesse moins exubérante ne se fait pas sans mal : ainsi, le cardinal de Lorraine, à qui la duchesse de Savoie avait donné sa main à baiser, lui prit-il de force les lèvres, rapporte Brantôme, en l'appelant « petite duchesse crottée ». C'est sur la bouche, précise-t-il, qu'il embrasse la reine de France[12] ! La mode en effet n'est pas universelle. Un moraliste anonyme, en 1601, se plaint encore du baiser qui se donne sur les lèvres, et en public, selon lui, en France, en Bourgogne et dans les Pays-Bas ; dans le nord de l'Europe donc[13]. En Angleterre, il est attesté par Érasme dans une lettre de 1499. Mais l'étonnement du Hollandais fait penser qu'on ne connaît pas chez lui pareille exubérance. Mercier signale encore, à la fin du XVIII^e siècle, l'habitude d'embrasser les Anglaises sur la bouche quand on leur est présenté ; il serait insultant, dit-il, de leur baiser la joue[14].

Ce sont alors les pays latins qui se montrent plus jaloux de l'honneur féminin. Le gentilhomme sicilien évoqué par Molière réprouve le baiser du peintre (en fait le galant) qu'il a engagé pour faire le portrait de la jeune Isidore : « Holà ! seigneur Français, cette façon de saluer n'est point d'usage en ce pays. - C'est la

---

11. Menot, cité par Estienne, *loc. cit.*, t. I, p. 81. Montaigne, *Essais*, III, ch. 5.

12. Brantôme, *Les Dames (galantes)*, dans *Œuvres complettes* publiées par Ludovic Lalanne, Paris, Renouard, 1876, p. 483.

13. *Des habits, mœurs, cérémonies, façons de faire anciennes et modernes du Monde...*, Liège, Jean de Glen, 1601, p. 101.

14. Mercier, *loc. cit.*, p. 89. Érasme, Ep. 103, éd. P.S. Allen, 1906, t. I, p. 238-239. À son ami Faustus Andrelinus, Érasme écrit que, avec autant d'embrassades, on aurait envie de finir ses jours en Angleterre.

manière de France, rétorque le jeune homme[15]. » « Machisme » latin plus jaloux de l'honneur de ses femmes ? Sans doute... mais peut-être, pour le Hollandais Puteanus (XVIe siècle), un danger plus grave pour les ardentes Italiennes que pour les sages Flamandes qui « n'entendent point finesse » aux œillades et baisers *(oculis aut osculis*[16]*)*. Bayle lui-même confirme que « les mêmes familiaritez, qui sont dangereuses en Italie, ne le sont pas ou le sont bien moins dans les Païs Septentrionaux ».

Au XVIIIe siècle, s'il faut en croire Rétif de la Bretonne, les belles Florentines se sont accommodées des mœurs françaises. Quand elles reçoivent un étranger, elles lui baisent les mains, mais, s'il s'agit d'un Français, elles lui offrent leurs lèvres, car

> elles ne connaissent point d'autre manière d'embrasser ; elles s'imaginent même que c'est l'usage en France, & l'on ne cherche pas à les détromper ; mais ceci n'a pas lieu chés les Gens-de-condition[17].

On comprend que ce sont des roturières qui, voulant se donner un vernis de bonnes manières, ont adopté ce qu'elles croient les mœurs françaises. En tout cas, on retiendra de ce baiser sur la bouche qu'il est réservé aux Français... et que ceux-ci en sont les premiers étonnés. De part et d'autre des Alpes, il est sorti d'usage.

Peut-être les mariages avec des princesses du Sud ont-ils joué leur rôle dans cette évolution : c'est en tout cas l'Italienne Marie de Médicis qui obtint de son royal époux, Henri IV, la permission de ne plus donner ses lèvres aux courtisans, faveur renouvelée par Louis XIII à l'Espagnole Anne d'Autriche, ainsi que par Louis XIV à l'Espagnole Marie-Thérèse d'Autriche, ce qui, paraît-il, n'alla pas sans scandale. Le long règne de Louis XIV fut l'occasion d'abolir la coutume, le roi « ayant seulement dit par galanterie qu'il étoit désormais trop vieux pour baiser les dames ». Galanterie, s'il faut en croire le chroniqueur anonyme, car « ce qui a fait interrompre au Roi l'usage du baiser en allant et en revenant de l'armée, c'est le nombre incroyable de femmes qui se rendaient exprès de Paris

15. Molière, *Le Sicilien ou l'amour peintre*, sc. XI.
16. Cité dans le *Dictionnaire* de Bayle, s.v. « Puteanus », t. III, p. 2398-2399.
17. Rétif de la Bretonne, *Les Gynographes*, 1777, note C, p. 475.

à Saint-Germain ou à Versailles ces jours-là[18] ». Dur métier alors que de gouverner la France. Les présidents s'en tireront avec quelques poignées de main...

Et entre hommes, s'embrasse-t-on aussi sur les lèvres ? En France, on ne retrouve ce vieil usage que dans une expression pointée par Oudin dans ses *Curiositez françaises* (1640) : « Il ne faut pas tant baiser son amy à la bouche que le cœur lui fasse mal. » Mais ce témoignage est plus linguistique que social. Oudin épingle parfois des locutions qui ne correspondent plus à des situations réelles. Il témoigne en même temps de la nouvelle réserve féminine par la réplique qui sert à refuser ses lèvres : « Les baisers sont retournez - entendez : on ne baise plus à la bouche, on baise au derrière[19]. » Le Grand Siècle quoi qu'il en soit réglera ces mœurs, et, en 1690, le dictionnaire de Furetière est catégorique : « Les amis se baisent à la jouë, & les amants se baisent à la bouche. » Seuls des pays lointains, comme la Russie, conserveront l'échange des souffles jusqu'à notre époque. Encore est-il souvent ritualisé : après avoir vidé une coupe de champagne, les bras entrelacés, les hommes s'échangent la « fraternité » sur la bouche, et l'amitié devient sacrée.

L'époque classique ira plus loin encore et tentera d'éradiquer totalement le baiser de salutation, même sur les joues. Courtin (1672) n'autorise à embrasser une dame de haute qualité « que si elle-même tend la joue, et alors même il faut seulement faire semblant de la baiser, et approcher le visage de ses coëffes[20] ». La raison pratique de ce refus est évidente : l'usage outrancier des cosmétiques interdisait les grandes embrassades[21]. Mais par-delà la peur de gâcher un maquillage ou de décoller une mouche, on peut y voir la hantise du contact, qui enferme la haute aristocratie et ceux qui en copient les mœurs dans une aura invisible mais impérieuse.

Aussi, dans la littérature, les grandes embrassades, comme le

18. *Des baisers d'étiquette donnés par le roi, les reines et les filles de France, à propos de la réception de l'ambassadrice de Hollande*, publié dans F. Danjou, *Archives curieuses de l'histoire de France*, 2e série, t. 12, Paris, Blanchet, 1840, p. 156-162.

19. Oudin, *Curiositez françoises*, Paris, Antoine de Sommaville, 1640, p. 27.

20. Courtin, *Traité de civilité* (1672), p. 104.

21. Philippe Perrot, *Le Travail des apparences*, Paris, Le Seuil, 1984, p. 46-47.

rire débordant des servantes et tous les comportements excessifs, caractérisent les personnages ridicules. Le petit Diafoirus, dans *Le Malade imaginaire* de Molière, demandera encore à son père s'il doit « baiser » sa future belle-mère. Le comique tient au fait qu'il a pris sa future pour sa belle-mère, mais son hésitation est caractéristique des nouveaux usages. Quant aux amis, s'ils se répandent en effusions débordantes, ils sont montrés du doigt par les Molière et autres La Bruyère. Et si, chez La Fontaine, le renard propose encore au coq « le baiser d'amour fraternel », il n'est pas prêt à l'échanger avec les lévriers qui accourent[22]. Le baiser masculin résiste, mais dérange.

Si les vieilles marques de politesse disparaissent, il faut bien en créer de nouvelles. Or, les baisers qui apparaissent au XVI^e^ siècle sont jugés ridicules par ceux mêmes qui condamnent les anciennes mœurs : Montaigne critique l'usage de baiser sa propre main en saluant un ami, hommage dû autrefois aux seuls princes. Pratique sans lendemain, dans la quête d'une nouvelle norme qui tarde à s'imposer. De même, l'habitude de baiser l'objet que l'on présente ou que l'on reçoit ne semble pas s'être répandue en dehors des traités de savoir-vivre. Au XVIII^e^ siècle, Voltaire raillera encore la *Civilité puérile*, manuel vieux de deux siècles, mais toujours réimprimé, qui apprend aux enfants à baiser leur main quand ils reçoivent une sucrerie[23].

On a invoqué, pour expliquer cette récession du baiser aux XVI^e^-XVII^e^ siècles, des soucis hygiéniques dus à de nouvelles épidémies (vérole, peste...), au maquillage, ou la sévérité des mœurs après la Contre-Réforme. Les témoignages contemporains parlent surtout de l'ambiguïté du baiser, de plus en plus associé à une caresse sexuelle. On peut donc penser que le relâchement des mœurs dans la première Renaissance, en sexualisant davantage le baiser, a déconsidéré le baiser d'amitié comme le baiser rituel, surtout lorsqu'ils étaient donnés à une femme.

Le XVIII^e^ siècle joue de plus en plus sur de subtiles nuances. En

22. Molière, *Les Précieuses ridicules*, scène XI ; *Les Femmes savantes*, acte III, sc. III ; La Bruyère, « De la cour », VIII, « Des grands », IX ; La Fontaine, « Le coq et le renard », *Fables*, II, 15.
23. Montaigne, *Essais*, l. I, ch. 43 ; « Des lois somptuaires », *Civilité puérile*, éd. 1728, p. 41-42, *Dictionnaire* de Furetière, s.v. « Baiser » ; Voltaire, *Dictionnaire philosophique*, s.v. « Baiser ».

présence du roi, il est interdit de se tutoyer et de s'embrasser[24]. Sinon, les baisers se hiérarchisent selon la place où ils sont posés. Entre égaux, on se tend la joue - les lèvres désormais ne sont permises qu'entre amants. À leurs inférieurs, les femmes accordent la main. Entre hommes, on peut encore, mais le geste devient rare, baiser la cuisse d'un haut personnage, marque de respect dont Louis XIV a délié ses courtisans. Quant à l'hommage du pied (du soulier pour les hommes, du bas de la robe pour les femmes), il n'est exigé que pour les papes et les reines. Encore l'étiquette permet-elle souvent de s'y soustraire.

Lors de la présentation officielle au roi et à la reine de France, l'homme se contente ainsi des trois révérences ; la femme doit baiser la robe de la reine, en ôtant le gant de sa main droite qui saisit le vêtement. Mais la reine retire sa jupe pour que le geste ne puisse être achevé. Aux duchesses sera même épargnée « l'humiliante démonstration du baisement de bas de robe[25] ». Une fois accomplie cette formalité, on acquiert le droit de « saluer » la reine, en lui présentant sa joue droite, sur laquelle la souveraine pose la sienne. Simple simulacre donc du baiser, puisque seuls les épidermes sont mis en contact. Le même baiser est dû aux hommes par la souveraine. Quant au baisemain, il n'est jamais exigé par la reine : « C'était un témoignage *volontaire* d'une respectueuse obéissance », se rappelle Mme de Genlis, et il n'implique donc aucune humiliation.

Les grandes dames françaises sont fières de ces marques de considération. Aussi, dans les cours étrangères qui ont conservé des usages plus anciens, imposent-elles celui de France. À la cour de Naples, ainsi, on doit tous les jours baiser la main de la reine. Une exigence moins avilissante que le baiser à la robe, sans doute, mais il s'agit d'un baiser réel (quand il n'est que symbolique en France) et répété (quand en France il se limite à la présentation à Versailles). Les ambassadeurs français eux-mêmes conseillent à leurs

---

24. Mme de Genlis, *De l'esprit des étiquettes de l'ancienne cour*, manuscrit publié en 1885, p. 86.
25. Mme de Genlis, *loc. cit.*, ch. III.

compatriotes de s'y dérober et de se retirer après les trois révérences, avant que la reine ne tende sa main !

Les princes étrangers, d'ailleurs, rendent la monnaie aux Français. Un peu avant la Révolution, quand la famille royale de Versailles (le roi, ses frères et ses enfants) est en froid avec les princes de sang de Paris (les cousins du roi), une curieuse guerre du baiser éclate entre ces derniers et les princes de Lorraine et de Rohan. Ceux-ci interdisent à leurs femmes de saluer (joue contre joue) les cousins du roi, jugeant « indécent » d'embrasser ainsi un homme. Entre princesses, le baiser reste permis. De Versailles, le roi appuie leur prétention, qui scandalise Paris. Il n'est pas question de pudeur, en effet, puisque les princesses de Lorraine et de Rohan acceptent d'embrasser la famille royale. C'est bien une question d'étiquette, les princes étrangers voulant se montrer égaux aux princes de sang français. Mais il est symptomatique que la pudeur puisse être invoquée dans ce cas : le baiser entre au même titre que la chemise ou la chaise percée dans cette subtile pudeur sociale caractéristique de l'époque.

Le monde classique, c'est indéniable, a fait la chasse aux baisers de politesse. Rétif de la Bretonne, à la fin du XVIII^e^ siècle, tentera même de les réglementer, les réservant aux parents les plus proches (jusqu'aux cousins germains) pour les jeunes filles, pour ne les autoriser, au-delà, qu'aux dames de plus de cinquante ans[26] ! On ne peut mieux reconnaître que le baiser de politesse a désormais une connotation sexuelle. Mais l'affection comme l'amitié ne peuvent renoncer à ces marques de tendresse. Tout au plus les embrassades se font-elles plus discrètes. Les traités de bienséance conseillent plutôt de « faire semblant » de baiser en approchant les lèvres des joues, des mains ou des objets qu'on reçoit[27]. Quant au baiser originel, l'échange des souffles, il est définitivement réservé aux amants.

La bourgeoisie du XIX^e^ siècle, qui entend prolonger les bonnes manières aristocrates, se garde dans ce cas de ressusciter le baiser,

26. Rétif de la Bretonne, *Les Gynographes*, p. 97, règle XLVII.
27. Voir par exemple la *Civilité puérile*, traité du XVI^e^ siècle attribué à Mathurin Cordier, réimprimé jusqu'au XIX^e^ (éd. 1728, p. 41-42) et Courtin, *loc. cit.*

par trop roturier. Dans son *Savoir-vivre et nouveaux usages mondains*, la comtesse de Gencé conseille aux jeunes filles « qui se respectent » de rester « sobres d'embrassades ». On s'embrasse entre amies d'enfance ou entre parents, sur la joue si la différence d'âge n'est pas grande, sinon sur le front. C'est toujours le plus âgé qui prend l'initiative, et aucun baiser ne peut être échangé dans la rue ou dans un endroit public.

Dans les salons, on se contente de frôler des lèvres la main des dames ; encore l'habitude se perdra-t-elle à la fin du siècle : en 1904, Bayard y voit déjà le « reflet d'une grâce surannée ». Dans *La Conscience de Zeno*, qui se situe dans les années 1900, Zeno évoque le baisemain volé à la jeune femme dont il est amoureux, et qu'il fréquente depuis longtemps : elle « se mit à regarder, stupéfaite, ses doigts qui avaient subi le contact de mes lèvres, comme si quelque chose y était demeuré gravé[28] ». La hardiesse est en effet hautement compromettante !

C'est après la Première Guerre que la belle société réintroduit le baisemain dans les salons, avec des règles strictes : les ecclésiastiques et les magistrats en robe ne peuvent le pratiquer, et seules les femmes mariées... et les chanoinesses s'y soumettent. Au-delà d'un certain âge, ou si elle occupe une situation en vue, une célibataire peut cependant donner sa main[29]. Galanterie toute française, désormais. Si Romain Gary l'apprend dans sa jeunesse, le baisemain devient pour lui, aux États-Unis, une « source continuelle de malentendus » : il est en effet pris pour une tentative de séduction et reçu avec inquiétude ou, « chose plus pénible encore, surtout lorsque la dame est mûre », avec « un petit sourire coquin[30] ».

Entre elles, les dames ne sont tenues qu'à une inclination de tête, ou au *shake-hands* anglais. Seule l'intimité permet encore le contact des joues. Mais en dehors des salons guindés, la vieille politesse reste d'usage.

Ces sentiments primitifs subsistent dans les campagnes et dans le bas

28. Italo Svevo, *La Conscience de Zeno*, tr. P.H. Michel, Gallimard, Folio 439, p. 120.
29. Bayard, *op. cit.*, p. 156 ; Berthe Bernage, *Le Savoir-vivre et les usages du monde*, 1928, p. 50.
30. Romain Gary, *La Promesse de l'aube*, Gallimard, Folio 373, p. 71.

peuple, où l'on s'embrasse comme on se dirait bonjour ou adieu. Et plick ! Et plack ! Qui n'a assisté, dans les gares, à ces naïves effusions rustiques, où le gars un peu gauche, son chapeau rond à la main, embrasse honnêtement sur les deux joues une gaillarde qui se laisse faire, avec une passivité... bovine[31].

Certaines circonstances, enfin, sont l'occasion de retrouver le bon vieux baiser d'autrefois : fêtes et anniversaires, bien sûr, mais surtout Noël et le jour de l'an. L'*anguillaneu* (« au gui l'an neuf ») de nos provinces ritualise la coutume : le baiser échangé sous le gui le 1er janvier est un gage de bonheur pour l'année. Là aussi, il peut y avoir ambiguïté, lorsqu'un fiancé attend cette occasion pour se rapprocher de sa promise. « Les Anglais à la Christmas, dénonce Bayard, prennent des baisers sous le gui, avec une hypocrisie aussi charmante chez celui qui donne ce baiser que chez celle qui le reçoit[32]. » Pudeur victorienne oblige.

Cette nouvelle politesse est entrée dans nos mœurs. Le *shake-hands* s'est généralisé et, même dans les salons, le baisemain se démode. Mais la mixité dans les écoles a réintroduit le baiser d'amitié entre jeunes gens ; si l'amitié se prolonge, le baiser se fera tout naturellement entre adultes. Dans certains milieux, comme le monde du spectacle, les embrassades seront également plus spontanées.

## *Baisers d'amour*

Le terrain perdu par le baiser de politesse fut aussitôt investi par le baiser amoureux. Celui-ci existait bien sûr depuis toujours - le Cantique des cantiques en témoigne amplement ! -, mais il ne pouvait prendre sa pleine signification qu'en situation de monopole. La Renaissance s'ouvre sur le fameux cri de Louise Labé : « Baise m'encore, rebaise moy et baise » (sonnet XVIII). Lorsque le baiser sacré, le baiser de tendresse entre parents et celui de salutation disparaîtront ou seront susceptibles d'interprétations

31. « Symphonie sur le Baiser », article signé Richard O'Monroy dans *Fantasio*, nº 16, 15 mars 1907, p. 125.
32. Bayard, *op. cit.*, p. 160.

ambiguës, le symbole amoureux ou sexuel prendra une nouvelle vigueur.

Quel baiser amoureux ? Le baiser « en pigeonne », c'est-à-dire langue en bouche, sans ambiguïté, chez Brantôme, Ronsard et tous les poètes érotiques de la Renaissance. De nouvelles maladies cependant menacent l'Occident. Dans *L'Enfer de la mère Cardine*, les putains invitées aux noces de la mère et de Cerbère sont accueillies d'un baiser par les diables : « Or ceux qui trop lascifs voulurent bougrément / Baiser la langue en bouche eurent tous la verolle / De la plus fine encor' qui fut onc chez Nicole[33]. » La crainte de la contagion, déjà sensible chez Montaigne dans le baiser d'amitié, est d'autant plus forte dans ce cas. La vieille technique sera bien sûr conservée - Sade l'appelle « langoter » dans *La Philosophie dans le boudoir*, souvenir de l'ancien français « langueter » -, mais devient un baiser de courtisane qu'on ne réclamera pas à une femme honnête. L'humour, involontaire, du docteur Baudouin, qui décrit en 1900 les coutumes maraîchines (du Marais poitevin), sera de décrire cliniquement ce qu'il appelle « cataglottisme » et que les Anglais, moins naïfs sur la vertu continentale, nomment *french kiss*...

Mais dans la grande débâcle des baisers sacrés et amicaux, les petites embrassades suffisent déjà aux grands embrasements. Entre le XVIe et le XIXe siècle, le symbolisme du baiser change. Un passage célèbre de *La Nouvelle Héloïse* en témoigne éloquemment. On sait que Julie avait imposé à Saint-Preux un pacte de pureté qui devait exalter leur amour. Elle est la première à le rompre en donnant à l'improviste un fougueux baiser à son amant, dans un bosquet. La lettre qu'il consacre tout entière à cet épisode a de quoi effrayer la jeune fille, au point qu'elle exigera une séparation provisoire.

> Qu'as-tu fait, ah ! qu'as-tu fait, ma Julie ? Tu voulais me récompenser, et tu m'as perdu. Je suis ivre, ou plutôt insensé. Mes sens sont altérés, toutes mes facultés sont troublées par ce baiser mortel. Tu voulais soulager mes maux ! Cruelle ! tu les as aigris. C'est du poison que j'ai cueilli sur tes lèvres ; il fermente ; il embrase mon sang ; il me tue, et ta pitié me fait mourir.

---

33. Brantôme, *op. cit.*, t. IX, p. 196 ; *L'Enfer de la mère Cardine*, 1597, p. 18.

Le baiser, il est vrai, était particulièrement ardent, puisque Julie en défaille et que Saint-Preux exige de mourir à ses pieds. « Non, le feu du ciel n'est pas plus vif ni plus prompt que celui qui vint à l'instant m'embraser. »

La phraséologie nous fait sourire et nous cache la nouveauté du symbolisme, qui apparaît mieux quand on compare l'épisode au pétrarquisme français dominant jusque-là. Je me contenterai d'un bref parallèle avec le premier livre des *Amours* de Ronsard. En croyant « récompenser » son chaste amant par un baiser sur les lèvres, Julie est encore dans la vieille tradition : « un seul baiser pour toute récompense », tel était l'espoir de Ronsard amoureux de Cassandre (CV). Mais récompenser de quoi ? Le thème du baiser apparaît dans la seconde moitié du recueil de poèmes... et dans les toutes premières lettres du roman ! Sa valeur n'est pas la même : couronnement d'un long amour chez Ronsard, préambule à la relation chez Rousseau. Le baiser calme la douleur de l'attente chez l'un, elle la provoque chez l'autre.

Dans la symbolique amoureuse mise en place à la Renaissance, ce sont en effet les yeux qui produisent tout le mal : ils *embrasent* l'amant (« Ô lumière enrichie / D'un feu divin qui m'ard si vivement », LXIX) ; ils l'*empoisonnent* (« Là je senty dedans mes yeux voller / Un doulx venin, qui se vint escouler / Au fond de l'âme », LXII), ils *décochent* les traits de l'amour et *tuent* l'amant... Le baiser vient, dans un second temps, comme un baume parfumé et précieux (« tout plein / D'ambre, & de musq, baiser d'une Deesse », XLVI), qui soulage le mal (« Et de cent baisers apaise / De mon cuœur la chaulde braise », CCXI). C'est la fontaine après le brasier, le frais après le brûlant, gage d'un plaisir plus parfait... mais encore différé.

C'est à cette thématique ronsardienne que pense Julie en octroyant cette « récompense » à l'amant qui a su la respecter. Mais, pour celui-ci, les images jadis liées aux yeux sont tout à coup détournées vers le baiser : ce sont eux désormais qui *embrasent* (« le feu du ciel »...), qui *empoisonnent* (« c'est du poison »...), qui *tuent* (« baisers mortels »...). Sur la nouvelle carte du Tendre, le baiser n'est plus la dernière étape avant l'abandon final, mais le premier village atteint par l'amant zélé. C'est là que son cœur s'enflamme, et non qu'il s'éteint. Évolution des mœurs, peut-être ; du symbolisme, incontestablement. Conséquemment, le baiser n'est plus le gage de l'abandon total : plus hardi, puisque précoce, il est aussi plus chaste, puisqu'il n'engage pas au-delà.

Les poètes romantiques reprennent l'image du baiser brûlant (que l'on trouve aussi, gardons-nous de généraliser, dans des textes plus anciens). « Qu'est-ce que le baiser ? un lèchement de flamme », écrit Hugo ; « Baisers danseurs, telle une flamme », décrit Verlaine. Avec la variante moderne : « Au contact du baiser, la vierge frissonne, son corps sous l'étincelle électrique du fluide d'amour s'embrase, son front s'incendie[34]. » Baiser électrique ? C'est la version du coup de foudre, retenue par Louis de Funès dans *Le Gendarme se marie* de Girault : l'étincelle d'un baisemain met le feu à son amour. On n'arrête pas le progrès.

Dans tous les domaines, désormais, les images liées au baiser sont celles de l'amour. Ainsi l'inspiration poétique, dans la célèbre *Nuit de mai* de Musset : « Poète, prends ton luth et me donne un baiser. » C'est le souffle de l'inspiration que l'on cueille sur les lèvres de la muse, mais c'est aussi à cette nouvelle fontaine d'Hippocrène que boit le poète. De même, le thème de la mort désirée se traduira mystiquement par un baiser suprême : « As-tu subi deux fois le baiser qui terrasse, / Pour regagner l'azur qui vers toi refluait ? », demande Léon Dierx à Lazare ressuscité[35].

## *Amour ou sexualité ?*

C'est entre amants désormais que s'échangent les baisers. Au XIXe siècle, le vieux thème du baiser au mort sera détourné dans une thématique sexuelle. À l'origine, comme dans les rites égyptiens, c'est symboliquement le souffle de la vie que le fils rend à son parent défunt, ou, au moins, l'âme expirante qu'il recueille - « Et j'aurois gobbé bouche ouverte, / L'ame de ma sœur s'envolant », caricature Scarron dans le *Virgile travesti*. Le romantisme en

34. Victor Hugo, *La Légende des siècles*, XI, « L'épopée du ver », v. 456 ; Verlaine, *Parallèlement*, « L'impénitent », v. 35 ; Bayard, *op. cit.*, p. 150.
35. Léon Dierx, « Lazare », dans *Les Lèvres closes*.

revanche est hanté par le baiser amoureux à l'amante défunte. Poétique chez Musset (« Telle je t'embrassai, froide et décolorée, / Telle, deux mois après, tu fus mise au tombeau », *Lucie*), le thème sombre dans le macabre avec le « vers » d'Hugo, qui invite l'amant à ressusciter l'amie morte depuis huit jours : « Viens, couvrant de baisers son vague rire horrible, / Dans ce commencement d'éternité terrible / Finir ta nuit d'amour. » Et Maupassant décrira avec une effroyable précision la langue de la jeune fille qui tente de forcer les dents de son amant abattu[36].

Totalement sexualisé, donc, jusque dans la mort, le baiser devient la métaphore du viol, de la pénétration. La répulsion instinctive qu'entraînent dans la société bien-pensante les choses du sexe se projette sur lui. De la même façon que, dans la Genèse, la découverte de la sexualité était liée à la mort, l'union des deux thématiques, la mort et le baiser, fascine peintres et poètes. Au baiser comme au sexe seront liées des images répugnantes, visqueuses et moites, remugles de marées. « Baisers, baves d'amour, basses béatitudes, / Ô mouvements marins des amants confondus », écrit Paul Valéry. Et Verlaine, dans un de ses plus mauvais poèmes, ose une image non moins délicate : « Vif accompagnement sur le clavier des dents / Des doux refrains qu'Amour chante en les cœurs ardents[37]. »

Tellement sexualisé que, dans un monde où les pures jeunes filles ne voient de mâle que leur confesseur, on en vient à lancer l'idée de la procréation par la salive. L'image vient remplacer l'antique expression de la naïveté, héritée du mystère de l'incarnation, et qui consistait à croire que les enfants se faisaient par l'oreille - c'était encore la question d'Agnès dans *L'École des femmes.* Désormais, puceaux et pucelles craindront plutôt les lèvres : François Jacob témoigne de ce nouveau mythe quand il évoque ses souvenirs d'enfance. Ses amis croyaient au rôle du baiser, idée qui lui paraissait « quelque peu saugrenue ». Il aurait fallu « une sorte de

36. Musset, « Lucie », dans *Poésies nouvelles* ; Hugo, « L'épopée du ver », dans *La Légende des siècles*, XI, v. 453-455 ; Maupassant, « Confession d'une femme ».
37. Valéry, « Air de Sémiramis », dans *Album de vers anciens* ; Verlaine, « Il bacio », dans *Poèmes saturniens.*

morsure » pour que la mère arrache un morceau du père et l'avale et que le bébé s'implante dans son ventre.

> Malgré une observation attentive des baisers auxquels j'eus l'occasion d'assister, je ne pus jamais remarquer de morsure assez violente, assez sanglante pour me convaincre que le baiser jouait un rôle quelconque dans la fabrication d'un bébé[38].

L'origine de l'image est ancienne : depuis le XIIIe siècle, le baiser est un euphémisme pour désigner les relations sexuelles (Jupiter enfanta les muses de neuf baisers à Mnémosyne, explique Ronsard...) ; il est difficile de dire cependant quand l'expression fut prise au pied de la lettre par des enfants naïfs. Conséquence linguistique : le verbe « baiser » est devenu vulgaire, et a été remplacé par « embrasser » (jadis, « prendre dans ses bras »).

Symbole de l'acte sexuel, le baiser connaît logiquement les foudres des censeurs. Au théâtre royal de Hanovre, au début du siècle, un règlement interdit ainsi aux artistes de s'embrasser sur scène, sous peine d'une lourde amende (60 à 100 marks), et du renvoi en cas de récidive. Mais la peine est dure à appliquer. La jeune et jolie demoiselle de Ruttersheim, embrassée sur scène par un confrère vieillissant, ne voulut pas être la cause d'un renvoi : elle affirma que c'était elle qui avait embrassé son partenaire, et l'hilarité des juges sauva la situation[39]. Au théâtre comme au cinéma, on a gardé longtemps l'habitude d'embrasser sur les lèvres en interposant son pouce pour empêcher l'homme, éternel séducteur, d'abuser de la situation.

Mais il n'est pas facile de diaboliser le baiser. Premier gage amoureux, symbole de la possession, de l'extase suprême, il se verra par contrecoup réduit à une bagatelle sans conséquence. La hantise de la virginité perdue banalise toutes les marques d'amour qui ne laissent pas de traces, et le baiser en profite. Le théâtre (la célèbre tirade de Cyrano, chez Edmond Rostand : « Un baiser, mais à tout prendre qu'est-ce ?... »), la chanson (« Un baiser, mad'moiselle Rose, / C'est peu de chose »), l'opérette (« J'ai toujours cru qu'un

---

38. François Jacob, *La Statue intérieure*, Paris, Odile Jacob, 1987, p. 40. Voir d'autres exemples des XIXe et XXe siècles dans X. Fauche, C. Noetzlin, *Le Baiser*, Stock, 1987, p. 157-158.
39. *Fantasio*, 1907, p. 503.

baiser, / Plaisir fugace, on peut toujours l'oser... ») vont répandre ce thème.

Le paradoxe n'est qu'apparent : en convainquant une jeune fille qu'il s'agit d'un plaisir innocent, nos don Juan ne pensent qu'à la faire succomber... et y arrivent. Par l'absurde, ils prouvent effectivement que le baiser n'a rien de frivole et qu'il s'agit surtout, pour reprendre l'expression cynique d'un humoriste, d'« une manière de demander au premier si l'entresol est libre ». De fait, pour les jeunes filles de bonne famille, le premier véritable baiser ne pouvait être accordé qu'après les fiançailles, comme symbole éloquent du don le plus total. Des arrhes, somme toute, après lesquelles on ne peut rien refuser.

## *Le baiser clinique*

Le XIX^e^ siècle, dans son délire positiviste, va confier le baiser au laboratoire de la science. D'abord pour découvrir qu'il s'agit d'un fait de culture, que ne partagent pas toutes les sociétés. Les explorateurs, jusqu'à Darwin, énumèrent à la stupéfaction occidentale les peuples qui ne connaissent pas notre frottement de museaux. La Terre de Feu, la Nouvelle-Zélande, Tahiti, la Papouasie, l'Australie, les Somalis, les Esquimaux étonnent tour à tour les Européens. Depuis toujours, ils répétaient avec Richard Steele que le baiser était universel : « La Nature fut son auteur, et il naquit avec le premier amour[40]. » Déjà désacralisé, le baiser se retrouve subitement « dénaturé ».

Les anthropologues, du coup, l'abandonnent au microscope des médecins, dont les descriptions acquièrent involontairement un humour surréaliste. Quels amants passionnés admettraient, avec Henri Gibbons, médecin australien, qu'ils se sont livrés à une simple « juxtaposition des muscles orbiculaires de l'orifice buccal à l'état de contraction » ? La description froide, quasi pathologique, est proche de la répulsion, et le docteur Onimus ne peut que constater : « Il y a quelque chose de la ventouse dans l'acte du

40. Voir Bayard, *op. cit.*, ch. V.

baiser[41]. » Une querelle médicale s'engagera même sur sa nocivité : la découverte des « microbes », la hantise de la tuberculose, l'obsession de l'hygiène finissent par le menacer, puisque le conseil municipal d'Orange (New Jersey) interdit un temps cette pratique antihygiénique ! Le docteur Bridger rétorquera en revanche que le baiser permet d'échanger des microbes bienfaisants, utiles notamment à la digestion ! L'acte en sort-il grandi ? Pour un amant, le « baiser digestif » n'est guère plus romantique qu'un baiser tuberculeux[42]...

Un sommet est cependant atteint avec le livre délirant du docteur Marcel Baudouin sur *Le Maraîchinage, coutume du pays de Monts (Vendée)*, paru en 1900 et souvent réédité. La coutume décrite par le médecin député ne serait considérée aujourd'hui que comme un « flirt » un peu poussé, et devait être pratiquée dans bien des régions de France. Mais la bourgeoisie, qui avait perdu le contact avec le monde paysan, ne pouvait que s'étonner d'une liberté de mœurs qui choquait son mythe de la vertu paysanne. Surtout, le maraîchinage tel que le décrit Marcel Baudouin est ritualisé : il se fait en public, devant les parents, après une « foire aux femmes », alignées le long du trottoir. Le couple constitué se livre à une curieuse pantomime avec un parapluie, qui finit par s'ouvrir pour dissimuler ses caresses.

Même si le flirt est parfois poussé loin, jusqu'à un véritable « mariage à l'essai », la principale caractéristique du maraîchinage est un baiser profond, dont le docteur Baudouin semble découvrir l'existence. Derrière ses expressions techniques ou latines (« accouplement buccolingual », « masturbation buccale réciproque », « cataglottisme ethnique », *« more columbino »*...), se cache une réalité des plus banales, dont la description méthodique devient hilarante :

> L'introduction s'accentue et s'accompagne de mouvements de circumduction et de plongées laryngiennes, parfois très profondes, si

41. Tous deux cités par les docteurs Witkowski et Cabanès dans *Les gayetéz d'Esculape*, 1909, p. 417-418.
42. Voir les docteurs Witkowski et Cabanès dans *Les gayetéz d'Esculape*, 1909, p. 418 ; « Symphonie sur le Baiser », *Fantasio*, 1907, p. 126.

l'on peut ainsi parler. Les langues fouillent en sens contraire tous les recoins des muqueuses buccales, et tous les diverticules, pour multiplier les contacts[43].

Un historique très fouillé du baiser « *more columbino* » achève de nous convaincre de sa banalité, et c'est l'étonnement du docteur Baudouin qui nous paraît du coup symptomatique !

Cette intrusion médicale finit par avoir des influences sur la littérature. Même si le thème est ancien, est-ce un hasard si le baiser au lépreux passe de l'hagiographie à la littérature à l'époque où l'on discute des dangers de contagion par le baiser (*Saint Julien l'Hospitalier* de Flaubert, *L'Annonce faite à Marie* de Claudel...) ? Encore le baiser traditionnel, chez saint Louis ou saint Bonaventure, se faisait-il plus volontiers sur les plaies que sur la bouche du lépreux[44]... Quant aux descriptions épiques des médecins, elles seront dépassées par le tour de force de François Weyergans, qui décrit pendant une page un baiser profond avec la minutie d'un anatomiste[45]. L'analyse froide est un moyen d'échapper au romantisme exacerbé qui avait fait du baiser la quintessence de l'acte amoureux.

La typologie actuelle du baiser s'en est considérablement simplifiée. À côté des quelques bribes survivantes du baiser sacré, il s'agit désormais d'un geste banal de salutation familiale ou amicale, lorsqu'il est donné sur la joue, et d'un acte sexuel à part entière, lorsqu'il se prend « à pleine bouche ». Le simple baiser sur les lèvres n'est plus qu'une transition timide entre ces deux types, et demeure dans le registre amoureux. La géographie du baiser tend également à la bipolarité. Effleurer la main d'une dame, le front d'un enfant, la pantoufle du pape ou l'anneau de l'évêque ne sont plus que des archaïsmes plus pittoresques que significatifs : tout baiser donné ailleurs que sur la joue (sur les tempes, dans le cou, derrière l'oreille,

43. Marcel Baudouin, *Le Maraîchinage, coutume du pays de Monts (Vendée)* (1900), Paris, Bossuet, 1932, p. 101. Voir également *infra* l'article de David Le Breton, « Rites d'intimité », *p. 73-74.*

44. Voir X. Fauche, C. Noetzlin, *op. cit.*, p. 127-136.

45. François Weyergans, *La Vie d'un bébé*, Gallimard, 1986, p. 28-29.

dans le creux de la main, sur le poignet, pour ne citer que les endroits accessibles en dehors de l'intimité) prend une signification nettement amoureuse.

On peut regretter la disparition du baiser sacré et du baiser de paix. Mais dans la civilisation occidentale, l'ambiguïté du geste a désormais disparu, puisque sa signification est uniquement liée à l'endroit où il est donné.

*Jean Claude Bologne*

# Rites d'intimité

*David Le Breton*

*De nos jours encore l'accès au corps de l'Autre répond à des rites d'interaction soigneusement codifiés. On ne s'approche pas, on ne se touche pas au hasard. Et, par exemple, si l'on couvre volontiers de baisers un enfant, l'on est plus réservé entre adultes. C'est qu'il s'agit d'abord pour chacun de préserver son enveloppe intime, de prévenir tout débordement. Seul l'amour prend et donne sans compter.*

Les interactions de la vie quotidienne - saluer, prendre congé, s'asseoir à la terrasse d'un café, entrer dans une salle de spectacle, participer à une réunion, faire un achat, bavarder avec des amis, retrouver sa famille, etc. - engagent des gestuelles et des mimiques spécifiques. Elles ne se déroulent pas dans la spontanéité, leur distance ou leur effusion participent d'un ordre rituel dont chacun attend qu'il soit respecté. Un « dialecte de l'engagement » (Goffman[1]) commande le contenu des paroles prononcées, leur rythme, leur ton ; il alimente les mouvements du corps, le jeu subtil des regards, les mimiques, les gestes, les postures ; il indique les zones corporelles de contact et celles qui sont interdites sous peine de provoquer la gêne ou de faire violence. Dans la rencontre avec l'autre, qu'il soit un familier ou un étranger, rien n'est laissé au hasard d'une improvisation susceptible de déclencher l'embarras.

Cette cohérence des signes échangés, leur répartition, leur

1. *Cf.* les travaux d'E. Goffman, notamment *Les Rites d'interaction*, Paris, Minuit, 1974.

forme, leur rythme, relèvent d'un ordre symbolique propre à une condition sociale et culturelle, nuancée par les particularités de chacun. Les rites d'interaction sont avant tout des mises en scène ordonnées et intelligibles des conduites individuelles, ils suggèrent un mode d'emploi du corps et de la parole pour échanger avec l'autre, une définition du licite et de l'illicite de l'accès à son corps selon les circonstances. L'allégeance mutuelle à ces signes permet de ressaisir aussitôt toute dérogation à ces normes de conduite à une signification particulière que seul le contexte est habilité à dégager. Par exemple, dans nos sociétés, si un homme prend soudain la main d'une femme dont il vient de faire la connaissance, il traduit sa volonté d'aller au-delà et teste à cet effet la détermination de celle-ci selon l'attitude de retrait ou d'adhésion qu'elle manifeste. Elle peut retirer sa main en souriant, montrant ainsi que son interlocuteur va vite en besogne, mais que le lien n'est pas rompu. Ou traduire une nette réprobation. La rupture dans les usages a valeur d'indication. Selon la réponse de l'autre, elle ouvre ou non une nouvelle dimension de l'échange. Mais le même geste peut s'inscrire dans une manière habituelle de faire dans la tendresse d'un couple déjà constitué. La situation seule énonce la signification de l'acte.

Le traitement du corps lors de l'interaction soulève des interdits spécifiques, surtout en ce qui concerne le visage et les zones connotées sexuellement. Même quand, dans nos sociétés occidentales, on touche par exception son interlocuteur d'un geste furtif sur le bras ou les mains pour amplifier un propos ou marquer sa compassion, le sexe et le visage sont toujours évités[2]. L'approche du visage n'est licite que dans des circonstances très précises : outre les caresses sur les joues ou le menton de la tendresse amoureuse, ou de la relation à l'enfant, le baiser est d'un usage courant mais méticuleusement codé pour ne pas se distribuer à profusion. Trois modalités du baiser se dessinent socialement et ouvrent à des formes et à des significations bien différentes : marque d'affection, rite d'entrée et de sortie d'une interaction, forme de congratulation.

2. David Le Breton, *Des visages. Essai d'anthropologie*, Paris, Métailié, 1992.

## *Marque d'affection*

Si dans nos sociétés les contacts physiques sont nettement orientés dans le sens de l'évitement, de la préservation de l'enveloppe intime, le mouvement s'inverse dans la relation à l'enfant. On le touche, on le caresse, on le cajole, on le couvre de baisers. L'enfant attire en principe la tendresse, surtout des femmes, empressées à lui prendre les mains, à l'embrasser ou à lui tapoter le visage. À la crèche, à l'école, plus encore s'il vient de tomber, s'il pleure ou s'il est objet de soins infirmiers ou médicaux, on le couvre de sollicitude. Son visage est le lieu privilégié de la tendresse : baiser sur les joues, sur le front, câlins, etc. On attend qu'il embrasse à son tour en reconnaissance d'un cadeau ou d'une marque d'attention qu'il vient de recevoir.

Au réveil ou le soir avant de se coucher, avant d'aller à la crèche ou à l'école, au retour, l'enfant réclame le câlin ou le « bisou » qui ouvre ou clôt une brève séparation.

> Ma seule consolation, quand je montais me coucher, écrit Proust, était que maman viendrait m'embrasser quand je serais dans mon lit. Mais ce bonsoir durait si peu de temps, elle descendait si vite, que le moment où je l'entendais monter, puis où passait dans le couloir à double porte le bruit léger de sa robe de jardin en mousseline bleue, à laquelle pendaient de petits cordons de paille tressée, était pour moi un moment douloureux[3].

Les soirs où Swann s'attarde auprès de ses parents, l'enfant est désespéré par avance de la rupture du rituel qui le prive de posséder tout l'amour de sa mère dans le moment métonymique du baiser.

> Ce baiser fragile que maman me confiait d'habitude dans mon lit au moment de m'endormir, il me fallait le transporter de la salle à manger dans ma chambre et le garder pendant tout le temps que je me déshabillais, sans que se brisât sa douceur, sans que se répandît et s'évaporât sa vertu volatile, et, justement ces soirs-là où j'aurais eu besoin de le recevoir avec plus de précaution, il fallait que je le prisse, que je le dérobasse brusquement, publiquement, sans même avoir le

3. Marcel Proust, *Du côté de chez Swann*, Paris, Livre de poche, p. 16-17.

temps et la liberté d'esprit nécessaires pour porter à ce que je faisais cette attention des maniaques[4]...

Les lecteurs de *La Recherche* se souviennent des ruses du petit Marcel, malgré l'heure tardive, pour bénéficier du baiser maternel, sans lequel la nuit est impensable, quitte à irriter son père et à fâcher sa mère. Proust dit bien la dimension de sécurité, de reconnaissance de soi dans le regard de l'autre (cet autre souverain qu'est la mère) que recèle symboliquement le baiser. La peur d'une nuit hantée par la solitude du sommeil est ainsi apaisée par le geste transitionnel de la mère qui ritualise l'angoisse et rassure l'enfant sur ses craintes face à un monde privé de repères et livré aux créatures du rêve. Le baiser maternel est également un viatique face aux turbulences du jour qui commence ou au lever difficile de l'enfance. Mais vers sept ou huit ans l'enfant se rebiffe parfois et proclame qu'il n'est plus un bébé ou qu'il n'est pas un chat pour être ainsi cajolé. Les interdits sociaux s'annoncent d'autant plus que la puberté approche. Ensuite ces marques de tendresse deviennent plus douteuses aux yeux des témoins, surtout bien entendu si un homme les prodigue. La relation à l'enfant est toujours prise entre ces deux soupçons de la violence physique à son égard ou d'une tendresse douteuse qui dissimule la séduction et l'abus sexuel.

Le baiser est un signe d'affection, un geste symbolique d'affirmation de son attachement à l'autre. Il console l'enfant d'une chute ou d'une frustration et, s'il n'est pas donné au moment où il est attendu, son manque ouvre une plaie vive dont l'homme devenu adulte se souvient encore. Terrible preuve de l'indifférence d'une mère plus soucieuse de soi que de son fils ou de sa fille. Le baiser n'ayant jamais prodigué sa consolation, la douleur continue à irriguer le présent, et à alimenter le reproche d'une insuffisance d'amour. En larmes l'homme ou la femme se souviennent de l'enfant blessé qui n'a pas obtenu ce jour-là la tendresse éperdue d'une mère et dont ils souffrent encore.

4. *Ibid.*, p. 34.

L'accès au corps de l'autre dans une relation amoureuse ne soulève aucune réticence, qu'il s'agisse de son sexe ou de son visage. L'érotisme ou la tendresse ne mesurent guère les caresses, les baisers sur la bouche, les joues, le cou, ou les autres parties du corps. Le plaisir partagé de l'oralité se déploie dans la jouissance non seulement du visage mais partout où les lèvres se posent, car dans le désir de l'autre tout est désir, tout est jubilation. « Tes lèvres, ô fiancée, distillent le miel vierge. Le miel et le lait sont sous ta langue », dit l'amant du Cantique des cantiques (III-4), répondant à l'appel de sa bien-aimée : « Qu'il me baise des baisers de sa bouche. Tes amours sont plus délicieuses que le vin » (I-1). Le baiser sur la bouche, pressant les lèvres et mêlant les corps, est le fait des amants, il ne se rencontre nulle part ailleurs dans les rituels de la vie courante. « Chaque baiser appelle un autre baiser, écrit Proust. Ah, dans les premiers temps où l'on aime, les baisers naissent si naturellement ! Ils foisonnent si pressés les uns contre les autres ; et l'on aurait autant de peine à compter les baisers qu'on s'est donnés pendant une heure que les fleurs d'un champ au mois de mai[5]. » Albert Cohen laisse aller sa plume avec la même émotion :

> Ô débuts, deux inconnus soudain merveilleusement se connaissant, lèvres en labeur, langues téméraires, langues jamais rassasiées, langues se cherchant et se confondant, langues en combat, mêlées en tendre haleine, saint travail de l'homme et de la femme, sucs des bouches, bouches se nourrissant l'une de l'autre, nourritures de jeunesse[6]...

---

5. Marcel Proust, *Un amour de Swann*, *ibid.*, p. 284. Proust donne également une admirable description du premier baiser entre Swann et Odette : « Et ce fut Swann qui, avant qu'elle le laissât tomber, comme malgré elle, sur ses lèvres, le retint un instant, à quelque distance, entre ses deux mains. Il avait voulu laisser à sa pensée le temps d'accourir, de reconnaître le rêve qu'elle avait si longtemps caressé et d'assister à sa réalisation, comme une parente qu'on appelle pour prendre sa part de succès d'un enfant qu'elle a beaucoup aimé. » (p. 279)

6. Albert Cohen, *Belle du Seigneur*, Gallimard, Folio, p. 351. Notons que le baiser sur la bouche peut être perçu dans d'autres cultures comme le comble de l'horreur ; citons à ce propos l'exemple de l'Inde face à une scène de baiser dans un film occidental : « Le baiser "à l'américaine", lèvres serrées, interminable, son apparition sur l'écran déclenche à chaque fois une grande hilarité et le baiser "à la française", où les amoureux "se mangent" réciproquement la bouche, comme on dit ici. Cette dernière manière provoque elle aussi des rires dans les salles de cinéma, mais elle met, en général, les spectateurs mal à l'aise, comme j'ai pu le constater maintes fois. Les jeunes deviennent, ou très silencieux, ou très bruyants ; et ils crachent par terre. Les plus âgés retiennent leur souffle, peinés. D'autres cachent leur visage entre les genoux pour ne plus voir la séquence. » (Vitold de Golish, *L'Inde impudique des maharâjahs*, Paris,

Le baiser échangé rituellement après le passage de la bague au doigt des nouveaux époux et au sortir de la cérémonie religieuse ou laïque est une forme d'engagement symbolique et de confirmation officielle de l'affection commune.

Un premier baiser donné dans le feu de la tendresse mutuelle peut apparaître comme un engagement vers une relation plus durable ou comme un simple flirt destiné à évaluer la capacité de l'autre à aller plus loin. Le baiser sur la bouche répond en effet à des significations bien différentes d'une culture à l'autre. Rappelons ainsi les malentendus pointés par Margaret Mead et Ray Birdwhistell lors des flirts entre les GI's stationnés en Angleterre et les jeunes Anglaises. Selon ces dernières, les soldats américains ne sont que des goujats ; pour les Américains, ce sont les jeunes Anglaises qui sont des filles faciles. Cette divergence d'opinion s'explique par des rituels amoureux d'un tout autre ordre pour les uns et pour les autres. En Angleterre, le baiser sur la bouche apparaît au terme d'une longue approche et traduit un degré de confiance et d'affection qui le rapproche de l'accouplement. À l'inverse, aux États-Unis, le baiser sur la bouche apparaît d'emblée et n'implique encore rien de sérieux. Le soldat américain embrassant une jeune Anglaise la contraint donc d'emblée à un choix décisif, soit de partir en regrettant peut-être son geste par la suite, soit de se prêter à une relation plus approfondie, convaincue que tel est l'objectif de son jeune compagnon[7].

Signe de la passion (ou son mime), le baiser est réservé au domaine privé sous peine de susciter, dans la rue par exemple, des regards outrés ou gênés, ou des sourires indulgents, car il ne laisse guère les passants indifférents. Parfois, sous le feu de ces regards, les bouches s'abandonnent à regret et le couple marque de son rire le bonheur de la transgression, la femme traduit sa gêne d'un sourire embarrassé ou s'efforce sans conviction d'éloigner la bouche gourmande de son compagnon. Mais là aussi le lieu de la « provocation » est plus ou moins dilué dans la banalité quand, dans

Laffont, 1976, cité par Jacques Dupuis, *L'Inde. Une introduction à la connaissance du monde indien*, Paris, Kailash, 1992.)

7. Nous empruntons cette anecdote à Yves Winkin (éd.), *La Nouvelle Communication*, Paris, Le Seuil, 1981, p. 63.

un jardin public, chaque banc est occupé par un couple d'amoureux, à l'image de la chanson de Georges Brassens. Si le baiser sur la bouche réunissant un homme et une femme sous le regard des passants bénéficie d'une certaine complaisance, il n'en va pas de même s'il s'agit d'un couple de femmes ou d'hommes, qui, eux, suscitent un malaise tangible et s'exposent aux quolibets, ou au moins à maints regards étonnés et à des plaisanteries graveleuses de passants proposant ironiquement leurs services. Le baiser sur la bouche est un attribut de l'intimité amoureuse ; plus encore s'il s'agit de baisers sur d'autres parties du corps dont la connotation sexuelle n'échappe à personne.

À mi-chemin du signe d'affection et du rite d'entrée dans la vie commune, avant-goût de la sexualité à venir, la tradition du maraîchinage était encore en vigueur à la fin du XIXe siècle dans la région du Marais des Monts, en Vendée. Les jeunes célibataires en âge de se marier se rencontrent librement à certaines périodes de l'année sous les yeux de la communauté, mais en respectant cependant les formes du rituel. Le jeune homme aborde la fille qu'il convoite en tirant son jupon et en saisissant son parapluie ; si celle-ci accepte l'invite, elle se laisse emmener au cabaret ou au bord d'un talus, mais en lieu de toute façon ouvert au contrôle du groupe. À l'abri du parapluie, les « jeunes gens n'échangeront pendant de longues heures rien d'autre que des longs baisers » ou des paroles laconiques et relativement crues : « Mé ta langue dans ma goule et dis-mé que tu m'aimes[8]. » Le maraîchinage réunit une part de la jeunesse prête à « fréquenter », une dizaine de couples se prêtent ainsi à de longs baisers et à des caresses allant parfois assez loin. Ils sont de toute manière promis au mariage.

> Jeunes hommes et jeunes filles s'attablent alors dans un coin, en face d'un verre de liqueur, ou plutôt d'une tasse de café [...] et restent là des heures entières, se livrant au maraîchinage les uns à côté des autres, sans ouvrir la bouche, du moins pour prononcer une parole ! On opère dans le recueillement [...] ou même encore [...] en pleine

8. Martine Segalen, *Amours et mariages de l'ancienne France*, Paris, Berger-Levrault, 1981, p. 45.

> rue, à la vue de tous, debout ou au milieu de la foule qui circule le matin dans le marché ou l'après-midi dans les foires. [...] D'autres fois en retournant à la ferme [...], on s'installe au vu et au su de tous, sur le bord d'un fossé de la grand-route, le dimanche dans l'après-midi principalement[9].

Le maraîchinage n'est pas une licence sexuelle tolérée par la communauté, car il n'engage que de jeunes célibataires voués à se marier ensemble. La coutume est une mise en relation réglementée des jeunes à marier, il s'agit d'une « pratique d'attente et d'essai de l'accord sexuel[10] », d'une découverte de l'autre et d'une mise à l'épreuve des affinités mutuelles.

## *Rite d'entrée et de sortie d'une interaction*

Lorsque le baiser ouvre ou clôt une rencontre, il consiste dans le fait d'embrasser une ou plusieurs fois l'autre sur la joue. Ce geste implique une familiarité particulière, et se situe en un point précis de la rencontre. Un garçon et une fille, adolescents l'un et l'autre, qui viennent de parler ensemble ou d'être présentés par des amis échangent facilement deux ou plusieurs baisers sur les joues au moment de se quitter. Le nombre diffère en effet d'une région à une autre, tournant le plus souvent autour de trois, mais parfois deux seulement comme en Alsace, ou quatre ou plus dans l'ouest ou le centre de la France. Les filles s'embrassent fréquemment ; leur rapport au corps est moins contraint, plus sensible que celui qui se noue entre les garçons, nettement plus démonstratif d'une image insistante de la virilité. Des garçons qui viennent de faire connaissance ou qui sont amis de longue date ne s'embrassent en principe jamais, à moins qu'ils n'entendent de cette manière

9. Marcel Baudouin, *Le Maraîchinage. Coutume du pays de Monts (Vendée)*, Paris, 1932, cité par Jean-Louis Flandrin, *Les Amours paysannes. XVI^e^-XIX^e^ siècles*, Gallimard, Folio, 1993, p. 249-250.

10. Jean-Louis Flandrin, *op. cit.*, p. 254. Ce même auteur évoque deux autres traditions proches, celle du fouillage dans les cantons de Bressuire et de Parthenay, et le migaillage du Bocage vendéen, *op. cit.*, p. 255 sq. ; voir aussi, sur le maraîchinage, Martine Segalen, *op. cit.*, p. 44 sq.

marquer symboliquement leur détachement à l'égard des normes sociales : des homosexuels par exemple. L'usage existe aussi chez les comédiens, les danseurs ou les musiciens, plus détachés des normes et indifférents au jugement social. Pour ces hommes dont le métier exige de faire de soi un autre, s'embrasser sur la joue en se retrouvant ou en se séparant manifeste un rite de reconnaissance entre pairs. En fait, entre amis, le rite d'entrée et de sortie des interactions dans la vie ordinaire sollicite davantage la poignée de main, moins compromettante pour l'image de soi. Pour un homme et une femme d'âge mûr qui viennent de faire connaissance et prennent maintenant congé l'un de l'autre, la poignée de main reste de rigueur. De même si le jeune rencontre une personne d'une autre génération, par exemple la mère d'une amie, il ose rarement franchir d'emblée cette barrière symbolique que le baiser sur la joue tend à gommer. La disparité des situations accuse bien entendu le caractère conventionnel des mises en jeu du corps dans les rites d'interaction.

Le baisemain est une forme surannée de politesse soulignant l'entrée ou la sortie d'une rencontre mondaine. On le trouve dans le protocole d'une rencontre politique, quand le président ou un ministre accueille l'épouse de son vis-à-vis ou une femme politique. L'homme embrasse délicatement le dessus de la main de la femme qu'il salue ou dont il prend congé. Issu des milieux aristocratiques ou mondains, l'usage tend aujourd'hui à se perdre ou à se signaler comme une marque particulière de raffinement en ce que justement il surprend agréablement les hôtes.

Une autre forme rituelle de congé donné par le baiser consiste dans le fait d'embrasser le défunt une dernière fois avant qu'il ne disparaisse à jamais. Sans doute l'usage social demeure-t-il en quelque lieu, mais de manière plus individuelle il persiste pour les proches lors de la veillée des corps ou du moins lors du recueillement qui précède la mise en bière. Mais il y a encore quelques décennies, la famille, enfants inclus, se succédait auprès de la dépouille pour saluer ou embrasser une dernière fois celui ou celle qu'on n'allait plus jamais revoir.

Le baiser à la terre est une forme d'affection portée au pays natal, il se donne aussi comme rite personnel d'entrée ou de sortie lorsque le migrant ou l'exilé doit quitter le lieu où il est né et où il a grandi, ou lorsqu'il revient. À genoux sur le sol, bouleversé, l'individu salue symboliquement un espace et une durée qui lui sont chers et qu'il est déchiré de devoir quitter ou ému de retrouver après une longue absence. La terre est anthropomorphisée, elle est vivante pour la mémoire, et la retrouver ou s'éloigner d'elle renvoie aux mêmes émotions que s'il s'agissait d'une parente. Cette forme devient protocolaire lorsque le pape Jean-Paul II retrouve cet usage et le met en œuvre à chacun de ses voyages, marquant ainsi symboliquement un geste de salut et d'humilité envers les pays qui l'accueillent.

## *Le baiser du vainqueur*

Le baiser est aussi une forme symbolique de congratulation qui abonde dans la vie quotidienne : donné par les proches après un succès à un examen, à un concours, après la réalisation d'une prouesse particulière, d'un avancement, etc. Mais il est surtout un accompagnement rituel de la victoire dans la culture sportive. Le baiser donné au vainqueur de la course cycliste ou du marathon par les reines de beauté locales, l'accolade au champion par les officiels lors des remises de médaille aux athlètes... Après chaque but marqué, les membres d'une équipe de football tombent dans les bras les uns des autres et embrassent l'auteur du but. La satisfaction d'obtenir un avantage sur l'issue du jeu et la reconnaissance envers l'artisan du succès donne libre cours aux effusions. Les baisers frénétiques sur la coupe gagnée par les membres de l'équipe championne sont également des images bien connues. Tous les sports ne connaissent pas cette manière symbolique de traduire sa joie : au tennis ou au golf, par exemple, la poignée de main s'impose[11].

La ronde des baisers accompagne la vie quotidienne de ses

11. Voir à ce propos l'intéressant ouvrage de synthèse de Xavier Fauche et Christiane Noetzlin, *Le Baiser*, Paris, Stock, 1987, p. 257 sq.

épisodes d'intimité ou de convention, ouvrant un contact licite avec le corps de l'autre. Dans l'effacement ritualisé du corps qui marque nos sociétés[12], le baiser crée un instant de partage par le contact physique, mais en l'enracinant au sein d'une norme qui contient soigneusement les transgressions et limite toute indécision. Le corps à corps du baiser dans les rites d'interaction ou la poignée de main sont des moments d'exception que contrôle la civilité, une brève possibilité d'accès au corps de l'autre qui ne prête à nulle autre conséquence qu'à la satisfaction d'une convention. Dans l'amour seulement, le baiser est sans mesure, car il n'a pour limite que la tendresse.

12. David Le Breton, *Anthropologie du corps et modernité*, Paris, PUF, 1990 (édition mise à jour, 1995), chap. 6.

*David Le Breton*

# 2. *Nourriciers, vitaux, primordiaux*

*Il y a dans le baiser quelque chose de l'ordre du don, de l'offrande. On s'ouvre, on se confie, on laisse tomber pour un temps ses défenses. Et réciproquement on cherche à capter une part de la vie de l'autre, à le connaître, à l'accueillir en soi. Mais l'échange peut tourner court, devenir rapt, violence. Parce qu'il touche au principe même de la vie - au souffle -, le baiser flirte parfois avec la mort...*

*Tu ne sais pas encore, ma colombe, comment on embrasse chez nous.*
*Jusqu'au craquement des os, jusqu'à l'étranglement, on étreint, et l'on presse, poitrine à poitrine, jusqu'à ce qu'aucun des deux ne sache plus quel est son cœur, ni quel est le cœur de l'autre.*
*La lèvre à la lèvre se colle et brûle d'une flamme de pourpre ; et la bouche de l'un à la bouche de l'autre aspire la jeunesse.*
*Matière et corps ont disparu. Silence.*
*Il ne reste plus qu'un souffle et qu'une âme.*
*Elles ne sont plus, les paroles des hommes ; seul existe encore le parler des prunelles.*
*Elles ne sont plus, les limites des murs ; la terre d'en bas n'est plus.*
*L'univers tient dans le baiser ; sur le baiser, le monde est suspendu.*
*Silence, silence : le baiser, que nul ne l'interrompe, de peur d'arrêter le monde, de peur de briser l'univers.*

Zalman Schnéour, *Le Baiser*, traduit de l'hébreu par Edmond Fleg, *in* Pierre Haïat, *Anthologie de la poésie juive du monde entier depuis les temps bibliques jusqu'à nos jours*, Éditions Mazarine, 1985.

# C'est pour mieux te manger, mon enfant !

*Catherine Dommergues*

*Plus que l'expérience du baiser donné, c'est celle du baiser refusé qui souvent marque une vie entière. Baisers dont on a été frustré, enfant, ou, à l'inverse, baisers moites, humides, possesseurs auxquels il a fallu se soustraire. Sans parler du « premier », du « tout premier » qui, pour l'adolescent, rime avec maladresse. Autant de fantômes qui hantent à jamais tous les autres...*

À lire le dictionnaire, donner un baiser est un acte simple : c'est, dit-il, « appliquer, poser sa bouche sur une personne ou une chose par affection, amour, respect ». Les esprits plus vulgaires verront qu'on peut bien renoncer à ces nobles sentiments ; quand on baise, « on possède sexuellement » ; mais, dit-il encore, quand « on n'y baise rien », c'est qu'on n'a rien compris !

Le dictionnaire définit ; il n'interroge pas, il ne s'étonne pas. Donner un baiser, voilà pourtant une bien curieuse habitude des hommes ; si curieuse que d'ailleurs tous ne pratiquent pas cet acte dans sa première acception. C'est peut-être pourquoi la représentation du baiser qui vient spontanément à l'esprit est si déconcertante. Il n'est pas sûr que s'impose l'image propre et nette du baiser d'Éden et d'idylle, du baiser de cinéma, chronométré, long et bon, ou celle d'un premier baiser d'amour tendre. Plutôt, ce seront les rougeurs d'une pudeur froissée, les émotions contradictoires qui affleurent désordonnées. Une certaine circonspection aussi : le geste est trop proche, trop intime ; on ne sait plus si on aime ou si on n'aime pas ; cela dépend du moment, de l'autre et du genre. Et puis, on n'est pas capable de tout. Il y a trop de sortes de baisers

- peut-être est-ce une variation du même ? Le baiser maternel, celui sans lequel l'enfant ne s'endort pas, ou celui déposé superstitieusement au départ pour l'école. Le baiser paternel, viatique existentiel, sans quoi la réussite est difficile. Celui des amoureux ; en attendant mieux, celui des amants. Le baiser phatique, distribué du bout des lèvres, auquel on ne pense pas. Bouleversant, le baiser d'adieu, qui pèse sur la mémoire. Et puis, le dernier baiser, comme le dernier soupir.

D'un côté des images stéréotypées, systématiquement positives ; de l'autre, des expériences multiples, de valeur inégale. Entre les deux, une distance gênante qui interdit toute parole. C'est que ces représentations culturelles et actuelles du baiser simplifient tout. Elles sont des clichés peu intéressants, usés, qui réfèrent d'une façon suspecte à l'Amour, à la Pureté, abstractions faiblement actives dans notre monde peu idéaliste.

Et pourtant, presque tous, nous pratiquons le baiser, nous savons ce que c'est : un geste, un comportement, un acte. Un geste qui s'apprend. On ne sait pas en faire à la naissance. Le nouveau-né tète, suce, lèche, mordille - parfois cruellement - le sein de sa mère et tout objet. Il est ce que ses lèvres touchent. C'est peut-être de cette fusion que naît le baiser, condition *a priori* et *sine qua non* à la réalisation du geste. Et lorsqu'un jour il apparaît que l'enfant sait embrasser, chacun se réjouit un peu naïvement, sans mesurer le chemin parcouru, sans très bien réaliser qu'il s'agit là d'une entrée dans le monde. Dès lors, donner un baiser se commande, se met en scène, se joue et aussi se refuse. Embrasser, c'est signaler qu'on aime, qu'on a confiance, qu'on n'a pas peur, qu'on reconnaît l'autre, voire qu'on s'y livre. S'y refuser, c'est peut-être haïr, nier l'existence de l'autre, manifester la peur qu'on en a. C'est que les baisers sont des signes, les éléments d'un code dans la complexité duquel on entre petit à petit, au fil des ans. En général, on embrasse pour marquer le départ d'une relation ; on s'y refuse, à l'inverse, pour signifier qu'elle doit s'arrêter là.

Bien sûr, beaucoup de baisers ont heureusement peu de sens et peu de conséquences. La vie quotidienne est semée de baisers froids qui n'ont aucune humanité, aucune charge affective. Ici, dans une situation officielle, on se donne pudiquement l'accolade.

Autrefois sacré, ce geste n'est plus qu'une ébauche de baiser, exprimant - et c'est beaucoup - l'estime. Ce baiser-là est sans lendemain. Il n'engage à rien. Ailleurs, on s'embrasse trois ou quatre fois, sans savoir pourquoi, par habitude. Dans certains milieux, donner un baiser, c'est produire un mot de passe. Les adolescents, entre eux, s'accueillent souvent en s'embrassant. Ce geste, ils le réservent à leurs copains. C'est ainsi qu'ils se soudent et marquent les limites de leur groupe. Et parfois, ailleurs, d'un simple baiser-contact peut naître une relation durable. Ceux qui vous accueillent d'un chaleureux et quelquefois gênant : « On s'embrasse » permettent, autorisent la sympathie, l'amitié, son développement, la confidence, le partage. Une histoire commence.

Ce sens du baiser, sorte de feu vert pour la rencontre avec l'autre, chacun d'entre nous le connaît, en a une longue expérience, fondée dans l'enfance et sans doute la relation qu'il a eue avec sa mère. Une bonne mère, dans ce domaine, simplifie toute une vie. Pour moi, la mienne a tout compliqué, qui ne m'embrassait pas, ne me touchait pas. J'enviais tous ceux qu'une mère tendre dévorait sans pudeur. Je les regardais avec condescendance aussi : j'étais riche d'une frustration que les autres ignoraient. Enfant, j'aurais donc dû désirer violemment les baisers maternels. Curieusement, sans vraiment y avoir renoncé, je me souviens avoir plutôt ressenti une certaine répugnance pour ses lèvres et même celles des autres. Je n'aimais pas leur humidité, je fuyais les baisers de ma grand-mère pourtant aimante, je redoutais les baisers aspirés et somme toute drôles de mon grand-père. Ce dégoût était voisin de la peur. À leur bouche affleurait, humide, l'intérieur de leur corps, leur souffle, leur haleine, une vie souterraine, un peu honteuse, difficile à dompter. Aimer leurs baisers, leur bouche, supposait l'acceptation d'une intimité - ce dont je ne voulais pas - et de quelques risques : y avait-il plus court chemin pour retourner dans le ventre maternel et disparaître ?

Autant dire que, arrivée à l'adolescence, j'étais mal armée pour jouer du baiser comme d'autres autour de moi le faisaient. À treize ans, embrasser un garçon est une idée qui trotte dans les esprits facilement grisés. En vacances, donc, je tombai - comme on dit - amoureuse d'un garçon d'au moins dix-sept ans, qui me regardait gentiment, comme l'être incertain et prometteur que j'étais. Féru de voile, il m'invitait à faire le poids sur son Vaurien, un petit poids, suffisant, faute de mieux. Jusqu'au jour où une jeune fille arriva, plus âgée, plus féminine, plus lourde aussi de tous ses avantages. Je fus vite évincée. Et c'est par dépit que je me retrouvai dans les bras d'un adolescent sans nom, assise sur des cailloux inconfortables, à vivre avec étonnement un baiser très technique et parfaitement quelconque. Ma naïveté en fut définitivement ébranlée. Seule, le soir, je me demandais, anxieuse, ce que ça avait bien pu me faire. Étais-je enceinte ? Ma raison me disait que non... Je m'y suis rangée. Une question cependant demeurait, plus vaste, un trouble aussi, conséquence de l'aventure. Je ne savais pas embrasser, pas plus ma mère qu'un garçon. Rentrant chez moi, j'ai demandé à une amie plus âgée qui partageait mes vacances : « Tu sais embrasser ? » Sa confusion m'a forcée à m'expliquer. Non, je ne parlais pas du baiser d'amour ; je voulais savoir si elle était consciente lorsqu'elle posait ses lèvres sur une joue, si elle sentait quelque chose, si elle le faisait intentionnellement ou si elle tendait la joue, comme moi. Je voulais savoir si j'étais infirme ou non. Si sa mère, morte - heureusement -, avait été meilleure que la mienne. Je n'ai pas eu de réponse, et suis retournée pour un long moment à mes mikos et *Club des cinq*. L'incursion avait été rapide, brutale, insipide, une incursion dans le monde des autres absolus, des hommes. J'avais à peine entrevu, entretouché le baiser, symbole encore flou de toute vie sexuelle. Certes, l'expérience était un échec, pas un malheur, ni une souffrance, plutôt une sorte d'erreur. Mais, pour nul, le baiser avait bien un rôle, il favorisait l'ouverture au monde, à la vie, et il représentait bien ce que je subodorais, la vie sensuelle et amoureuse. Car le baiser, c'est une figure de style, une synecdoque, c'est la partie pour le tout. Il initie la rencontre et, une fois celle-ci scellée, il se fond dans le corps à corps amoureux.

Mais avant d'en arriver là, il y a l'enfance, dix ou douze ans d'apprentissage. Et, enfant, on est assez docile. Pour peu qu'on éprouve de l'indifférence pour les adultes autres que des parents, on donne et on subit les baisers sans trop réfléchir, calé dans un vague respect d'autrui. Si alors on refuse d'embrasser, c'est que quelque chose de violent, un conflit intérieur, obscur, mystérieux, tout d'un coup, interdit ce geste.

Plus que l'expérience du baiser donné, c'est celle du baiser refusé qui m'a marquée. Je me revois, petite fille de quatre ou cinq ans, la main serrée sur la rampe de l'escalier, suffisamment haut perchée pour dominer les autres et leur échapper à tout coup. Je n'étais pas chez moi. La jeune employée de mes parents avait marché pour venir me dire au revoir. Elle était là par gentillesse, pas par formalisme. Mais il y avait dans son respect pour moi une sorte d'admiration devant ce qu'elle n'avait pas été parce qu'elle n'appartenait pas à mon milieu. Et je ne sais pourquoi, j'ai refusé de descendre l'embrasser. J'ai dit « non », sans bouger, avec une détermination violente, envahie non de culpabilité mais du mystère de mon refus. Consciente. Énigme pour moi-même. Certes, l'anecdote éloigne des effusions d'adieu des feuilletons hollywoodiens. Aujourd'hui encore, mon attitude me reste mal compréhensible. À la rigueur, s'il n'y avait pas eu de témoins. Mais il y en avait, pour un adieu définitif auquel je n'étais pas prête, dont je n'étais pas prévenue. Mon histoire avec elle était en cours, mon affection peu stable. Et puis, comment supporter ce baiser public, lourd et respectueux d'une employée trop jeune, trop fragile, à la fille de son patron ? Donner un baiser aurait pu se faire si la situation avait été moins publique, moins solennelle et si ce baiser avait été un acte d'adieu chaleureux, amical, affectueux et surtout univoque. Ici, il y avait au contraire un décalage impossible à vivre, et ce baiser qui me semblait contraint plus par la politesse, le devoir que par l'amour, ce baiser qui m'obligeait à jouer les petites princesses m'était un acte étranger. Les enfants sont parfois brutaux, directs et ne font pas de concessions. J'ai dit « non ».

Et il est vrai que tout baiser qui a plusieurs sens, incompatibles entre eux, est généralement mal vécu par ceux qui doivent le donner ou le refuser. Ainsi un jeune garçon de treize ans que je connais, presque du jour au lendemain, s'est refusé à embrasser sa mère. Les baisers se sont mis à déraper, à fuir, comme son corps, pressé de filer dehors. Bien sûr, ce n'était pas tellement à sa mère qu'il les refusait, c'était à la femme encombrante qu'il voyait en elle. Le baiser, jadis vécu sans trouble, synonyme de chaleur, de protection, de bien-être presque absolu, prenait un autre sens, se chargeait d'une sensualité nouvelle et devenait tellement ambigu qu'il en était insupportable. Alors, en attendant d'être plus à l'aise, d'avoir fait la part des baisers, le jeune adolescent fuyait.

Le baiser donné ou refusé ne l'est donc pas innocemment. Dans bien des cas, il fait suite à une décision d'entrer ou non en relation ; il est chargé de sens, d'un sens qui varie selon les expériences, les rencontres. Et s'il est à sa place dans nos coutumes, dans notre code social, c'est comme un signe qui subirait des déformations plastiques fréquentes selon les situations, comme un signe particulièrement polysémique et que chacun entend, interprète à sa façon, comme on le fait des sourires, des mimiques en général. Somme toute, c'est un geste au sens fragile, humain - trop humain -, situé à la frontière de l'être physique et de l'être pensant, un geste-nœud, un carrefour. Il suffit d'ailleurs d'un rien pour que ce baiser que nous évoquons tous comme un comportement pacifique devienne, ou plutôt redevienne une morsure bestiale, sauvage. Rien d'étonnant. À le regarder de près, il met en jeu la bouche qui happe les aliments, les lèvres, partie exposée au regard d'autrui, séductrices, maquillées ou non, plus ou moins bien dessinées, et aussi les dents dont on s'échine à briquer l'émail mais qui sont avant tout les outils de la mastication - comme il est dit dans *Le Petit Chaperon rouge* -, et puis la langue, muscle étrange, parfois amolli et involontairement maîtrisé quand on parle, mais aussi nerveux, excitable et absolument indomptable si, par inadvertance, on le mord. Le baiser est somme toute l'organisation miraculeuse de toute cette sauvagerie. Il n'est alors pas très étonnant que parfois, fragilement installé sur sa crête, il glisse et redevienne morsure. Pourquoi donc, dans l'enfance, avons-nous presque tous été tentés de mordre quelqu'un qui nous intéressait, je veux dire dont nous étions jaloux, qui était l'objet de notre haine ou d'un amour exclusif ? Ainsi, par deux fois, j'ai mordu des cousins qui, me semblait-il, prenaient ma place dans l'affection des autres et surtout qui étaient des garçons. Je les enviais ; ils avaient ce que je n'avais pas ; leur privilège m'était difficile à supporter. Expéditive, je les ai donc mordus tous les deux. Il s'agissait bien sûr de les faire disparaître en les blessant, mais aussi peut-être de les entamer, voire si c'était possible de les digérer et, me les incorporant, de faire miens leurs privilèges exorbitants ! J'aurais voulu être comme eux.

Il est d'autres cas où ce qu'il faut bien appeler un certain cannibalisme se manifeste sous des formes moins franches, plus policées mais non moins dangereuses. Le langage en témoigne, qui atténue la bestialité de la morsure. On dira d'une petite fille qu'elle est belle... à croquer, lorsque à peine confusément on éprouve pour son corps un désir complexe, bien pénible à comprendre et à avouer et qui, peut-être, s'il n'est pas tu, réfréné, pousse à toutes sortes de violences. Les parents eux-mêmes, embrassant leurs enfants, sans être pour autant criminels, jouent avec le feu de pulsions peu claires. J'ai moi-même eu bien du mal à maîtriser les baisers avec lesquels j'aimais ma fille. Lorsqu'elle était bébé et plus tard petite fille, je ressentais un bien-être rare à la toucher, la serrer dans mes bras - l'embrasser à proprement parler -, à poser mes lèvres et les promener sur sa peau ferme, douce et tiède. S'il est un être que j'aurais ainsi voulu croquer, manger de baisers, c'est elle. Bien sûr, je ne la mordais pas. Elle et moi avions un jeu : je la mordillais ; elle, sans crainte, riait aux éclats. Je jubilais de la sentir heureuse comme je ne l'avais jamais été. De son côté, longtemps après en avoir passé l'âge, elle demandait mon sein pour le téter. Pareille fusion est moins dangereuse que risquée. Dans cette voie, il faut s'arrêter à temps. À vrai dire, je ne sais quand. Les efforts qu'elle a faits pour gagner le terrain de son autonomie, de son indépendance, ont été souvent violents. Mais aujourd'hui, l'une comme l'autre, je crois que nous sortons indemnes de cette aventure amoureuse. Il nous en reste, je ne sais pour combien de temps, une considération qu'on peut juger excessive pour les gestes d'affection et en particulier les baisers. Ils nous permettent de tout réparer ; ils sont le point final de bien des moments agréables ou non. Cette propension, bien sûr, vient beaucoup de moi. C'est ainsi que j'oublie la sécheresse de mon enfance. Le baiser, ce geste dont la tendresse me console, m'évite de parler, de revenir en arrière incessamment pour faire le constat lassant d'un manque cruel.

Ainsi les mêmes baisers aident à grandir et réparent, comblent les carences. On dirait qu'ils nourrissent, qu'ils alimentent. Sous cet angle, je suis parfois boulimique. Pourtant, je m'étonne, je m'effraie parfois de la réticence qu'à l'inverse je ressens lorsqu'il s'agit d'embrasser les autres. Cette réticence, je l'ai dit, n'est pas nouvelle : petite fille, je la connaissais déjà. Je n'y pouvais rien, je ne supportais pas l'humidité des baisers de certains adultes. Je me souviens, vers l'âge de treize, quatorze ans m'être sentie coupable du dégoût que je ressentais. Pourquoi étais-je incapable d'aimer ces baisers ? Pourquoi provoquaient-ils en moi une sorte de recroquevillement apeuré ? Aujourd'hui, je pense avoir eu peur d'être avalée par ces bouches humides. À leurs lèvres affleurait une liquidité écœurante et dangereuse, dissolvante, qui faisait de moi un être sans défense, une chose, un aliment. Ils avaient faim de moi et je ne savais comment leur échapper. Je n'avais pas faim d'eux, pas du tout. Cet écœurement, à présent, je ne le ressens plus. C'est sans doute qu'on n'ose plus, ainsi, disposer de mon corps. Et puis je ne me mets plus dans la situation d'être l'objet d'autrui.

Cependant le dégoût subsiste à ce qui le provoque et la difficulté à embrasser, elle aussi, dans certains cas, perdure. En prendre conscience peut avoir quelque chose d'effrayant, surtout lorsqu'on sait qu'il y a là une impossibilité totale, définitive. Cela va parfois à l'encontre de toute morale, de toute générosité, c'est inimaginable, mais c'est comme ça. Même au seuil de la mort, de la mienne ou de la sienne, je crois que je ne pourrai jamais embrasser ma mère. Cette scène-là, ce baiser impossible, je l'ai déjà tournée cent fois en imagination. J'ai espéré qu'elle change comme par magie et que je me trouve capable soudain de ce dont je suis incapable : un dernier baiser. Et, cent fois, je me suis rendu compte que rien ne pouvait changer, que le film était écrit, tourné à l'avance. Là, il n'est pas d'écœurement ; il y a plutôt une rupture, une cassure, quelque chose de béant. Là, le baiser ne trouve aucune place.

Heureusement, il en trouve ailleurs. C'est qu'il n'y a pas qu'un déterminant dans une vie. On n'a qu'une mère mais on n'a pas qu'elle. D'autres personnes, un père, un parent, un ami vous touchent, vous embrassent, vous apprennent que vous avez un corps. Le corps lui-même impose sa vie, son énergie, ses désirs. Rien d'autre ne peut expliquer qu'on puisse échapper au parcours fatal d'une existence qui semble coincée entre deux baisers. Celui qu'on n'a pas reçu et celui qu'on ne peut pas donner. Le premier entraînant immanquablement l'autre, quelque effort qu'on ait fait pour pianoter l'exercice à chaque moment. Car c'est vrai, le baiser est un geste de chaque jour, on le donne ou on le refuse, il traduit le plaisir mais aussi la souffrance ; et à travers lui plus qu'à travers tout autre geste semble se lire la petite histoire des relations humaines.

---

*Catherine Dommergues*

# Histoires de bouches[1]

*Bernard Golse*

*Dès l'origine, avant même de se rapporter à un objet précis, le baiser est chez le nourrisson un phénomène très complexe qui met en jeu, aux lisières de la « cavité primitive » (la bouche), des pulsions de vie et de mort. Ainsi, les lèvres pointent d'abord vers le dehors dans le geste de le repousser, de l'éjecter, puis elles se relâchent et s'entrouvrent afin de l'accueillir. Elles disent non et elles disent oui.*

De la bouche vide de sein à la bouche pleine de mots
De la bouche meurtrie de l'enfant autiste à la bouche vide de l'anorexique,
Du bouche-à-bouche des réanimateurs au bouche-à-oreille des secrets et des rumeurs,
De la fine bouche précautionneuse au baiser « à bouche que veux-tu »,

comme on le voit, la bouche est bien cette « cavité primitive » que R. Spitz avait située à l'origine de toutes nos démarcations et de toutes nos instaurations.

Carrefour primordial, fondamental et fondateur.

Avant de dire quelques mots du baiser, j'aimerais d'abord citer un très beau texte paru dans le journal *Libération* du 14 janvier 1995, sous la plume d'Alina Reyes. Il s'intitule « Mangez-moi, mangez-moi » et je crois qu'il pourra demeurer en arrière-plan de tous les propos qui suivront :

1. La partie centrale de cet article reprend, en les adaptant et en les développant, des thèmes que j'ai précédemment exposés dans mon livre *Insister, Exister - De l'être à la personne*, Paris, PUF, 1990. Pour les références des auteurs cités, on se reportera à la bibliographie finale.

Tout est si bon dans le bébé... Mon bébé, je me le mange de baisers. Lui, il me mange à la poitrine, tous les deux on se mange, de la bouche et des yeux on se mange d'amour, comme le font depuis toujours toutes les mères et leurs bébés.

Car le plus sûr moyen, pour résister à la tentation de manger *réellement* les petits enfants, si tendres, si potelés, et à l'odeur si appétissante, c'est de les nourrir, de se transformer soi-même en pâture. Ainsi la pulsion de manger son bébé, à laquelle succombent parfois certains animaux, est sans doute enracinée dans notre chair depuis que, nos parents ayant renoncé à nous dévorer, nous nous sommes transformés en dévoreurs du sein maternel.

**... et dans la chair de l'amant(e).** C'est dans ce rapport de consommation mutuelle que s'inscrivent nos premières relations de corps à corps et, sans doute, que se développe la conscience de notre corps. N'est-ce pas le même désir d'annexion, la même pulsion de vie et de mort qui préside au désir sexuel ? La chair de l'amant ou de l'amante ne recèle-t-elle pas, aux endroits les plus secrets, le souvenir tendre de la chair du bébé ? Si je respire, si je palpe, si je lèche, si je tète, si je mordille le corps désiré, n'est-ce pas pour m'approcher du vertige de le manger, tout en me l'interdisant ? Ce paradoxe rend le désir si cruel et sans fin. Les gens qui mangent ou qui font l'amour furieusement sont peut-être plus que les autres des ogres contrariés.

Contre ce désir, impossible à assouvir, de manger la chair de son semblable, voire sa propre chair (n'avez-vous jamais tenté, au sortir d'un bain chaud, de mordre dans votre bras amolli et odorant ?), ce désir de perdition et d'affirmation par excellence, il faut inventer d'autres faims, découvrir que le sexe, le corps tout entier sont des bouches - et qu'avec elles aussi on peut avaler le monde, hors de toute contrainte sociale, en ces instants où, tout ouvert, on se repaît de chairs comme de nourritures.

**L'œuvre au noir des corps.** La faim, l'appétit sont l'animal en nous, la preuve que nous sommes vivants et que nous aspirons à le rester, dans un incessant recommencement. L'*anima*, le souffle, la vie, implique l'échange avec le monde : pour expirer, il me faut d'abord avoir inspiré, c'est-à-dire fait passer le monde par mon corps. C'est l'exigence absolue de la vie, celle qui me pousse à manger, à faire l'amour, à utiliser tous mes sens pour faire entrer l'extérieur dans l'intérieur, et le rendre à l'extérieur transformé par la perpétuelle alchimie à l'œuvre dans mon corps.

**Morsure d'amour.** Pratiquez-vous la *morsure d'amour au moment du* *coït* ? Selon Roger Caillois, qui la compare au comportement de la mante religieuse, cette conduite se rencontre *surtout chez les filles idiotes ou les femmes de race sauvage...*

Savoureux, non ? Quoi qu'il en soit, il n'est interdit à personne de faire... **ce rêve fou** d'une chambre où se seraient enfermés deux amants, et qu'on retrouverait vide. Vide, après qu'ils s'y seraient entre-dégustés, entre-mangés d'amour. Dévoration mutuelle, jusqu'à disparition totale des deux corps...

Et c'est peut-être bien ainsi, après tout, que nous mourons : anéantis par les forces contraires et complémentaires de ce que nous avons pris et donné à autrui, rendus à l'accomplissement du néant par ce formidable travail de faim qui nous attache les uns aux autres, et qui s'appelle la vie.

Après ce préambule, j'en viens donc maintenant à quelques remarques à propos du baiser, du baiser qui est œuvre de bouche et auquel nous pensons peu, pourtant, du point de vue du développement de l'enfant.

Dans un article récent sur les rapports qu'entretiennent les rites et la biologie et plus particulièrement sur la ritualisation des comportements de bouche, voici ce que dit B. Cyrulnik de l'ontogenèse du baiser.

> Le réflexe de fouissement[2] existe chez tous les mammifères nouveau-nés, ce qui leur permet sans aucun apprentissage de trouver le mamelon. Toute stimulation péribuccale le provoque. À partir du quatrième mois, le petit a besoin de voir le visage de sa mère pour l'explorer avec sa bouche. Dès ce niveau très simple, le réflexe de fouissement devient un mouvement d'intention d'explorer. Dès le sixième mois, le petit humain attrape une aspérité du visage maternel, ouvre grand la bouche et, arrivé au contact, ferme les yeux et sourit,

2. Le réflexe de fouissement fait partie des réflexes dits archaïques qui sont normalement présents à la naissance (sauf chez les grands prématurés ou les enfants présentant une souffrance neurologique périnatale) et qui vont peu à peu disparaître au cours de la première année de vie. À côté du réflexe de fouissement, on décrit, par exemple, le réflexe de succion, le grasping ou préhension forcée et la marche automatique. Sous le terme de réflexe de fouissement, on désigne le comportement du nouveau-né qui l'amène à orienter sa bouche et l'ensemble de son visage, comme pour chercher à s'enfouir, du côté d'une stimulation effectuée au pourtour de la bouche (région péribuccale dite du « museau »). Cette réaction paraît en grande partie indépendante du type de stimulation (si pas trop brutale) et de l'agent stimulant lui-même. Il s'agit en quelque sorte d'une réaction d'orientation assez indifférenciée.

révélant ainsi qu'il anticipe le plaisir de mordre le visage aimé. Déjà il échappe au réflexe puisque c'est lui qui décide.

La réaction interprétative de la mère ajoute une force façonnante à l'émotion du petit. Quand elle rit et évite la morsure en éloignant son visage, elle marque une limite à cette affectueuse agression, traçant ainsi dans l'enfant un sentiment de limite, prémisse émotionnelle de l'interdit verbal. Mais quand la mère, prisonnière de sa propre histoire, interprète ce comportement comme une agression qu'il convient de punir en mordant à son tour l'enfant, elle transforme une affection en attaque, permettant ainsi d'observer comment l'histoire de la mère peut façonner les adaptations comportementales de son enfant.

Ce qui n'était au départ qu'un analogue humain du réflexe de fouissement subit de tels façonnements ontogénétiques que, dès les sixième-septième mois, cette pulsion prend la forme d'un comportement de bouche ritualisé, structurant l'expression du désir entre deux partenaires.

Dès ce niveau, la réciprocité s'installe : le petit tend la joue pour être à son tour embrassé-mordu, manifestant ainsi qu'il a compris que les représentations du monde de sa mère entraîneraient un comportement affectueux, amusant et cadré par une limite. Cette joue « mise-là-pour » constitue donc une prémisse comportementale du signe. Et un bébé qui ne manifeste pas ces rituels témoigne d'un trouble de son ontogenèse.

Pour ma part, je voudrais maintenant proposer quelques réflexions sur le baiser en tirant les choses - si j'ose m'exprimer ainsi - du côté des niveaux les plus précoces de l'organisation psychique, en deçà du névrotique et du symbolique à proprement parler.

Comme je le disais plus haut, curieusement le baiser est relativement absent des études sur le développement de l'enfant, alors qu'il est indéniablement très investi du point de vue interactif et social. Il existe, certes, quelques études classiques sur le baiser, études qui se situent dans une perspective transculturelle (le baiser esquimau et le baiser japonais en sont les paradigmes célèbres), mais jusqu'à maintenant l'émergence du baiser dans le cours du développement psycho-affectif a fait encore couler peu d'encre (et de salive), hormis un article relativement ancien qui envisage surtout l'aspect descriptif de la maturation évolutive des comportements de tendresse du type embrassement/étreinte et de l'aptitude au baiser chez le bébé.

Certaines évidences sont couramment admises à propos du baiser. Comme telles, elles seraient à soumettre au crible de la réflexion, mais, *grosso modo*, il s'agit d'équivalences symboliques recevables par le sens commun et qui concernent surtout le baiser bouche à bouche des adolescents ou des adultes.

Le baiser sur la bouche constitue un substitut symbolique du coït proprement dit, la langue valant pour le pénis, la bouche pour le vagin (dont l'entrée est d'ailleurs marquée par les petites et les grandes lèvres). La symétrie en jeu (identité anatomique des deux partenaires du point de vue de la zone érogène en cause) permet une série de renversements amenant l'homme et la femme à jouer successivement et alternativement un rôle passif ou actif, une fonction de contenant ou de contenu.

Cette égalité des sexes par rapport au baiser fait de celui-ci, précisément, un moyen symbolique de dénier leur différence, quitte à renforcer la passivité (orale) de l'homme ou la phallicité (orale) de la femme. De ce fait, le baiser entre adolescents et adolescentes se voit très investi (avant la relation génitale proprement dite), l'adolescence correspondant en effet à une époque d'hésitation devant le nécessaire renoncement à la bisexualité fantasmatique.

Tout cela nous tire du côté de l'organisation et de la symbolisation du niveau « névrotique » et appellerait sans doute beaucoup d'autres commentaires. Mais mon propos est différent et concerne des étapes plus précoces du développement. Le baiser est, certes, œuvre de bouche, mais pas seulement en tant que localisé à la cavité buccale.

On connaît l'effet cyclope attaché au baiser qui permet d'effacer la vision en relief, de fragmenter la perception de l'objet (comme dans le célèbre tableau de Picasso) et d'atténuer ainsi les angoisses primitives liées à l'intrusion par le regard. On sait aussi que le recollement des visages dans l'acte du baiser rejoue à rebours le mouvement de défusion initial mère-enfant (dont G. Haag a bien montré qu'il suivait une progression céphalo-caudale[3]). De même, le baiser sur la joue peut valoir pour l'enfant comme analogue du contact bouche/sein. Mais je voudrais ici insister sur un autre aspect. Je voudrais montrer comment le baiser - en tant que précurseur corporel de la dénégation[4] - correspond, me semble-t-il, au travail effectué par la bouche pour incarner, moduler et refléter l'intrication progressive des pulsions de vie et des pulsions de mort.

L'idéal narcissique serait, nous dit S. Freud, des lèvres qui se baiseraient elles-mêmes. Remarquons d'ailleurs que, dans un miroir, on ne peut s'embrasser que sur la bouche, ce qui montre bien la dimension fondamentalement narcissique des identifications spéculaires. En termes de narcissisme primaire, il y aurait donc un temps « auto » du baiser comme il y a un temps « auto » des pulsions de vie (auto-érotisme) et un temps « auto » des pulsions de mort (masochisme primaire) ; temps « auto » sur lequel insiste J. Laplanche. Ce temps « auto » du baiser serait un temps prérelationnel, préobjectal de cette activité gestuelle de la bouche qui pourrait être alors conçue comme une véritable corporalisation de la dénégation (*Die Verneinung*, 1925) au sens où D. Meltzer parle de « théâtre de la bouche ». Bien entendu, comme pour toute activité du bébé, il va y avoir ensuite et très rapidement entrée dans le circuit de l'échange par le biais de l'imitation, de l'adresse à l'objet et de l'illusion anticipatrice de la part de celui-ci (à l'exemple des « sourires-aux-anges » qui deviennent progressivement des sourires-réponses en étant, avant qu'ils le soient véritablement, reconnus comme tels par la mère).

3. Progression céphalo-caudale : qui progresse de la tête vers les pieds, c'est-à-dire de l'extrémité supérieure à l'extrémité inférieure du corps en cas de station verticale. L'installation du tonus se met effectivement en place selon un tel enchaînement puisque, chronologiquement, la tenue de la tête (grâce au tonus des muscles du cou) précède de quelques mois la tenue assise (grâce au tonus des muscles lombaires), qui précède elle-même la station debout (grâce au tonus des muscles des jambes).

4. Dans son article de 1925 sur *La Négation* (parfois dite *Dénégation*), S. Freud étudie un processus qui se trouve en jeu dans la question de l'élaboration des pulsions de vie et des pulsions de mort. S. Freud le situe à la fois comme un mécanisme de défense chez l'adulte, en tant que levée partielle du refoulement, mais aussi comme un maillon important de la différenciation psychique puisque présidant à l'instauration d'une limite entre le dedans et le dehors du sujet : prendre en soi ce qui est bon renvoie à la pulsion de vie, rejeter au-dehors ce qui est mauvais renvoie à la pulsion de mort. Comme on le voit, la négation verbale n'est qu'un lointain dérivé de ce processus psychique tout à fait essentiel.

Mais essayons de réfléchir à ces tout premiers temps du baiser avant son intégration à la relation objectale. Les prémisses du baiser s'agencent alors que l'enfant sort de la symbiose, se décolle de l'objet primordial. À ce moment-là, ce qui lui permet de se refusionner à l'objet, voire de se réinclure en lui, ce n'est pas le baiser, ce sont les corps à corps adhésifs ou à visée pénétrante que l'on observe parfois pendant longtemps, et sur un mode angoissé, chez les enfants autistes ou psychotiques.

Le baiser, en revanche, est d'abord solitaire. Il n'exclut pas l'objet, il en est indépendant. Mais surtout, c'est seulement à une époque ultérieure que le baiser prend une connotation à prévalence libidinale et non destructrice. Le baiser du vampire ou de la femme-araignée témoigne d'ailleurs de la complexité pulsionnelle en jeu dans le baiser.

Entrons un peu dans le détail. Le geste du baiser nécessite certes un investissement suffisamment affiné de la zone labiale et périlabiale (seule en jeu dans les baisers du bébé et de l'enfant, qui n'impliquent pas la langue) mais là n'est pas l'essentiel. L'essentiel tient aux deux temps de l'acte du baiser :

- Il y a d'abord protrusion des lèvres qui s'arrondissent vers l'avant de manière plus ou moins tonique, contraction dans laquelle se rassemble et se contient alors le vécu proprioceptif de l'enfant. Cette protrusion apparaît comme à la fois centripète et centrifuge, incluante et éjectrice, tout ceci se jouant d'abord par rapport à un dehors, un extérieur qui vaut par lui-même et non pas par les (futurs) objets qu'il recèle. C'est le temps actif du baiser. Les lèvres pointent vers le dehors, à la recherche de ce dehors, comme les pseudopodes de l'amibe (projection à visée introjective de S. Ferenczi), mais dans le même temps, elles le repoussent et semblent l'écarter.
- Le second temps du baiser est plus passif, mais non moins complexe. Ce relâchement des lèvres correspond à la fois à une rétraction, à un repli sur soi, à un abandon du dehors, mais l'ouverture labiale et la moindre tonicité équivalent aussi à une acceptation symbolique de l'entrée au-dedans, de l'inclusion, de la pénétration. Simultanément, la sonorisation de ce second temps

(claquement plus ou moins intense et plus ou moins actif) indique l'évacuation et ultérieurement le lien vocal avec l'objet.

Les deux temps ainsi décrits reconnaissent donc une dimension de liaison et de déliaison, une part d'activité et de passivité, d'investissement et de désinvestissement. Le premier temps associe la recherche exploratoire du dehors au repoussement simultané de celui-ci, le second temps combine l'abandon du dehors et le rebroussement avec l'acceptation plus ou moins passive de l'entrée de ce même dehors au-dedans.

Tout cela se joue aux limites puisque les lèvres ne sont pas la bouche. Ni dehors ni dedans, à la lisière de la « cavité primitive » (R. Spitz) : frontière mobile, douane volante, plutôt que zone d'échange, jeu du couple Éros/Thanatos plutôt que travail sur le dedans/dehors au sens strict.

Finalement, le baiser n'est certes pas le seul acte, geste ou comportement qui pourrait ainsi être décrit comme sous-tendu par la dualité pulsionnelle de base, pulsions de vie/pulsions de mort. Ce qui, selon moi, lui confère sa valeur prototypique, c'est qu'il a lieu précisément aux confins de la cavité primitive et de l'extérieur et, de plus, à une époque où le jeu du couple pulsionnel antagoniste est encore mal différencié.

Activité de bouche qui « préfigure » (dans le temps et dans l'espace, c'est-à-dire au-devant du visage) la dénégation verbale future, les mots étant eux-mêmes en partie des produits de bouche. Dans son article sur *La Dénégation*, S. Freud, comme c'est souvent le cas pour les véritables concepts métapsychologiques, situe d'ailleurs sa réflexion sur un double plan structural et génétique, ou encore synchronique et diachronique. Et sur le plan diachronique, il nous montre comment la dénégation verbale s'enracine dans l'opposition corporelle cracher/avaler : des pulsions de vie au oui, en passant par l'incorporation ; des pulsions de mort au non, en passant par l'excorporation.

« L'objet est investi avant d'être perçu » (en tant qu'objet extérieur), disait S. Lebovici il y a déjà longtemps (1960). Dans cette perspective, le baiser du bébé, nous l'avons vu, se situe par rapport à un extérieur non encore objectalisé envers lequel il exprime un jugement d'attribution, de valeur (plaisir-recherche-acceptation ou déplaisir-repoussement-refus) qui précède donc ici aussi, comme dans la dénégation, le futur jugement d'existence.

Bien que les deux temps du baiser du bébé soient un mixte d'Éros et de Thanatos, et avant que le baiser prenne globalement une dimension libidinale non destructrice, le premier temps (même s'il dérive du réflexe archaïque de fouissement) voit peut-être la primauté du repoussement (éjection) et le second celle de l'acceptation (introjection) : le non avant le oui.

Voilà pourquoi j'ai parlé de précurseur corporel de la dénégation à propos de ces toutes premières étapes du baiser : expression d'un jugement d'attribution, avant toute possibilité d'un jugement d'existence, aide à la différenciation progressive des pulsions de vie et des pulsions de mort, incarnation ou mise en corps aux limites de la zone orale des activités de repoussement et d'acceptation, et cela avant que la constitution claire d'un dedans et d'un dehors permette, *via* la bouche elle-même, l'instauration du couple introjection-éjection à proprement parler. Telles seraient les fonctions premières du baiser du bébé qui n'a pas encore constitué ses objets et qui, de ce fait, n'a encore personne à embrasser.

Au terme de ces quelques remarques, il resterait à dire encore que la bouche n'attend pas la naissance pour être le lieu de tout un travail, de tout un investissement qu'on n'oserait pas encore qualifier de... psychique. Le fœtus avale, déglutit, vomit, suce son pouce... Certaines images échographiques récentes en témoignent indubitablement. La question n'est pas de savoir s'il est légitime ou non de reconstruire dans l'après-coup l'existence d'un autoérotisme oral prénatal. À chacun ses fantasmes et son imaginaire ! Précisons tout de même que la pensée ne se réduit pas à l'inscription psychique : elle est indissociable de la capacité réflexive de se penser pensant. Quant à l'autoérotisme, il inclut une représentation mentale de l'objet, ce qui - tout de même - semble être beaucoup demander à notre fœtus. Mais là n'est pas la question. Le point important concernant la naissance consiste probablement en la perte soudaine du mouillé de la bouche avec tout ce qu'elle comporte de traumatique lié à l'irruption du sec. G. Haag y rattache certaines angoisses archaïques de l'enfant autiste et Michel Soulé nous faisait récemment remarquer quels développements un auteur comme Italo Calvino avait pu donner à ce thème dans son *Cosmicomics.*

La bouche a donc toute une histoire intimement ancrée dans nos sensations les plus anciennes et les plus intenses. Si la psychanalyse a privilégié l'étayage secondaire des pulsions orales (d'amour et de haine) sur la satisfaction des besoins alimentaires, elle ne saurait ignorer ces niveaux originaires du fonctionnement buccal à propos desquels la « césure de la naissance » ne propose ou n'impose qu'une discontinuité relative.

À l'inverse, si le processus d'attachement décrit par J. Bowlby se joue en partie au niveau de la bouche (par le cri et la succion par exemple), celui-ci n'implique peut-être aucune révision déchirante de la métapsychologie freudienne si l'on veut bien considérer que l'attachement peut être - au même titre que tout besoin primaire - ultérieurement libidinalisé.

Et tel est, me semble-t-il, un des témoignages que nous offre le baiser. Le baiser n'est-il pas, en effet, le symbole même d'une libidinalisation - et des renversements qu'elle suppose - de toute une série d'actes primitifs tels le manger, le mordre, le prendre en soi... ? Le baiser apparaît alors comme une ombre d'emprise, effleurant et respectant l'objet au lieu de l'engloutir, de le dilacérer et de l'assimiler. D'où le sexuel comme renoncement à la mainmise, dans le meilleur des cas.

À travers la bouche et le baiser, on comprend ainsi que les psychanalystes aient encore de quoi faire et de quoi penser et que la psychanalyse ait pu à son propos voir des avenues s'ouvrir pour ses réflexions sur l'objet, le sexuel, la représentance[5] et la liberté. Mais tout de même, restons modestes car de la bouche au divan... qui trop étreint, mal embrasse !

(*cf.* bibliographie page suivante)

5. Sous le terme de « représentance », on entend habituellement l'activité de représentation psychique.

Bibliographie

J. de AJURIAGUERRA et I. CASATI, « Ontogenèse des comportements de tendresse. Étude de l'embrassement-étreinte à partir du pattern « Tendre les bras » in *La Psychiatrie de l'enfant*, 1985, XXVIII, 2, 325-402.

J. BOWLBY, *Attachement et perte*, Paris, PUF, coll. « Le fil rouge », 1978 et 1984 (3 volumes).

I. CALVINO, *Cosmicomics*, Paris, Le Seuil, coll. « Points », 1968.

B. CYRULNIK, « Rites et biologie. La ritualisation des comportements de bouche. » *Dialogue. Recherches cliniques et sociologiques sur le couple et la famille*, 1995, 1, 22-29.

S. FERENCZI, « Thalassa, essai sur la théorie de la génitalité », 250-323 in *Œuvres complètes. Psychanalyse 3*, tome III : 1919-1926, Paris, Payot, 1982.

S. FREUD, « Pour introduire le narcissisme » (1914), 81-105 in *La Vie sexuelle*, Paris, PUF, coll. « Bibliothèque de psychanalyse », 1982, (6e éd.).

S. FREUD, « La négation » (1925), 135-139, in *Résultats, idées, problèmes*, tome II, Paris, PUF, coll. « Bibliothèque de psychanalyse », 1985, (1re éd.).

B. GOLSE, « Du baiser » in *Insister, Exister. De l'être à la personne*, Paris, PUF, coll. « Le fil rouge », 1990.

G. HAAG, « Nature de quelques identifications dans l'image du corps. Hypothèses », in *Journal de la psychanalyse de l'enfant*, 1991, 10, 73-92.

S. LEBOVICI, « La relation objectale chez l'enfant », in *Psychiatrie de l'enfant*, 1960, VIII, 1, 147-226.

D. MELTZER, *Les Structures sexuelles de la vie psychique*, Paris, Payot, coll. « Science de l'homme », 1977.

D. MELTZER & coll., *Explorations dans le monde de l'autisme*, Paris, Payot, 1980.

A. REYES, « Mangez-moi, mangez-moi », journal *Libération*, 14 janvier 1995.

R. SPITZ, *De la naissance à la parole. La première année de la vie*, Paris, PUF, coll. « Bibliothèque de psychanalyse », 1979 (6e éd.).

*Bernard Golse*

# Le souffle de Dieu

*Jean Mouttapa*

*À en croire la Bible, nous sommes nés d'un baiser, de ce souffle de vie que Dieu insuffla à Adam, faisant de la créature la « fiancée » de son Créateur pour reprendre l'image du Cantique des cantiques. Reste qu'un baiser ne fait pas toujours le printemps, le miel peut se changer en fiel. Ne suffit-il pas d'une lettre (d'un minuscule point) pour qu'en hébreu les mots « embrasser » et « mordre » échangent leurs significations ?*

D*'où venons-nous ?* Face à l'énigme de notre origine, la biologie comme la physique, l'archéologie comme la paléoanthropologie, demeurent sinon muettes, du moins impuissantes. Depuis quelques décennies, nous savons qu'elles ne nous disent et ne pourront jamais nous dire grand-chose de la Réalité ultime et de l'Origine première. Nous savons que malgré leur extraordinaire fécondité théorique et pratique, nous ne devons plus projeter sur les savoirs modernes la Grande Explication du monde que nous en espérions.

*D'où venons-nous ?* La question reste donc en suspens, car elle ne concerne ni l'histoire de l'espèce ni l'animal humain en tant qu'objet d'études : elle met en cause l'humanité de l'homme, et l'interroge en tant que sujet. Or, sur cette question cruciale, la Bible parle. Si l'on veut bien la lire autrement que comme un simple code moral ou un document historique, on s'aperçoit qu'elle est tout entière centrée sur la question de l'origine, de l'être et du devenir de l'homme. Et sa réponse résume en quelques mots le génie des trois religions abrahamiques : *nous sommes nés d'un baiser !*

## *Le baiser originel*

Le livre de la Genèse nous apprend qu'Adam (c'est-à-dire, est-il besoin de le rappeler, non pas un individu mais l'humanité tout entière) n'est humain que par la grâce du baiser. Rappelons les faits - si l'on ose dire. Au sixième jour de la Création, après avoir mis au monde, par la simple puissance créatrice de son Verbe, la lumière, puis les cieux et la terre, les mers, les luminaires du jour et de la nuit, les végétaux et tous les animaux, Dieu décide de créer l'homme « à son image », pour qu'il domine sur tout cet univers. Il le créa, ou plutôt Il les créa « mâle et femelle », et les invita à croître et à se multiplier. « Il y eut un soir, il y eut un matin. Jour sixième. » À ce point précis de la cosmogonie biblique, l'humanité n'est encore qu'une espèce animale parmi d'autres. Certes, elle présente une « ressemblance » particulière avec son Créateur, ce qui lui donne le droit et la mission d'exercer sur le monde sa prédation. Mais l'image de Dieu en l'homme n'est encore que potentielle, et ne deviendra effective qu'au septième jour de la Création. Que se passe-t-il alors, en ce premier shabbat, comment l'Adam se trouve-t-il d'un coup élevé de la dimension de prédateur suprême à celle de créature « capable de Dieu » ? Quel événement marque ainsi la destinée humaine d'un sceau divin indélébile, au point qu'avant lui on ne peut parler vraiment d'« humanité » ?

Cet événement est un baiser, acte d'amour qui vient parfaire l'œuvre de Création. C'est uniquement par amour, disent les Pères de l'Église comme les sages du Zohar (principal traité de la kabbale juive), que Dieu est sorti de sa solitude initiale. Le Tout-Puissant se suffisait évidemment à lui-même, et c'est volontairement, amoureusement, par pure prodigalité, qu'il créa un être doté du libre arbitre, et par là même « semblable » à Lui. Et cette suprême générosité divine s'incarne dans une gestuelle qui greffe en quelque sorte une part de Dieu en l'homme : « Dieu forma l'homme, poussière de la terre, Il insuffla dans ses narines un souffle de vie, et l'homme devint une âme vivante » (Gen, 2, 10). Les maîtres juifs traduisent plutôt : « Il insuffla dans sa face un souffle de vie », confirmant ainsi l'image traditionnelle d'un divin baiser, presque d'un « bouche-à-bouche ». Par ce baiser primordial, l'homme est donc une « âme » qui s'analyse comme un souffle (*nechamah*, dérivé de *nashom*, « respirer »), issu directement de la vie divine, alors que les autres êtres de la Terre ne sont dotés que d'une âme végétative ou animale (*nephesh*). L'animalité de l'espèce humaine, sa matérialité qui la rend si proche de la « poussière de la terre », est maintenant habitée par ce que le livre de Job, plus tard, appellera une « parcelle divine d'En Haut ». Car, dit le Zohar, « Celui qui insuffle, c'est de Lui-même qu'Il insuffle ». Et Ibn Ezra, au Moyen Âge, prendra prétexte de l'assonance entre *nechamah* et *chamaïm*, « les cieux », pour confirmer l'idée, suggérée par l'image du baiser, selon laquelle l'âme de l'homme est une émanation de l'esprit céleste. Quelque temps plus tard, l'une des plus grandes figures de la mystique rhénane, Maître Eckhart, aura quelques pages superbes sur la *scintilla animae*, l'étincelle de l'âme qui, au fin fond de nous-mêmes, est de nature divine.

Notre destin unique parmi les êtres de la Création, nous le tenons, selon la Bible, de ce baiser originel, de ce geste d'amour initial qui fait de l'humanité la fiancée de Dieu. Le visage de l'homme, qui reçut « au commencement » la grâce du souffle venu d'En Haut, est donc éminemment sacré. En tant que tel, sa représentation fut souvent interdite, par exemple chez les iconoclastes chrétiens ou chez certains maîtres du Talmud, lesquels, même lorsqu'ils autorisaient des exceptions à l'interdit biblique concernant les images, en excluaient la face de l'homme : « Tous les visages (d'un être vivant) sont permis, disaient-ils, sauf le visage de l'homme. » Aujourd'hui encore, la philosophie d'Emmanuel Lévinas résonne comme un rappel moderne de la dignité proprement religieuse du visage humain.

## *Le doux baiser de la mort*

Au commencement de l'homme était donc le baiser. Mais la fin de l'humaine condition est également marquée de ce sublime sceau. Lorsque Moïse monta sur le mont Nebo pour y mourir, les bibles chrétiennes nous disent qu'il y rendit l'âme « sur ordre du

Seigneur » (Deut, 34, 5). Mais une traduction plus littérale de l'expression *al pi ha-chem* nous indiquerait plutôt qu'il mourut « par (ou sur) la bouche de YHWH ». Et Rachi, le commentateur par excellence du judaïsme, de préciser : « par la bouche de YHWH, c'est-à-dire dans un baiser divin ». C'est bien ainsi que l'entendent le midrache (tradition orale) et le Targum Yonatan (traduction-commentaire du texte biblique en araméen) : la parole de Dieu qui fit mourir Moïse ne fut pas un verdict de mort, mais un acte d'amour. D'ailleurs, certains maîtres du Talmud pensent qu'il n'est pas vraiment mort, tandis que d'autres prennent l'évocation du baiser comme la métaphore d'une mort douce. D'autres encore nous racontent que malgré l'âge honorable de cent vingt ans atteint par le prophète, l'Ange de la Mort ne put lui prendre son âme, car il était devenu comme l'incarnation de la Torah, qui est la vie. Il fallut alors que Dieu lui-même vînt recueillir cette âme - laquelle, nous l'avons dit, était en fait une part de Lui-même. Mais l'Éternel fut impuissant, ô paradoxe, à convaincre l'âme de Moïse de venir Le rejoindre ! Le corps du prophète était tellement pur et saint qu'elle ne voulait plus s'en séparer ! Ce fut donc Moïse en personne qui dut la persuader d'aller là où la conviait le Maître de l'univers. Il avait compris, en effet, que son âme était destinée à la vie, car il est écrit : « Je marcherai devant l'Éternel dans les contrées de la vie » (Ps, 116, 9). Tout cela pour nous signifier peut-être que le trépas du prophète fut vécu par lui comme un simple passage : par le baiser de Dieu, le souffle qui l'habitait retournait tout naturellement à sa divine origine. Il y aurait erreur, cependant, à interpréter ce « retour » en un sens néoplatonicien : l'union entre l'homme et le divin serait alors totale, et la communion deviendrait fusion : or la tradition juive, et à sa suite la chrétienne marquent toujours une distance entre l'Incréé et la créature - distance infinitésimale, peut-être, dans leur baiser mystique, mais en même temps toujours incommensurable. Grégoire de Nysse, qui connaît bien les ambiguïtés de la tradition néoplatonicienne pour avoir lu Plotin et Porphyre, précise cette question dans sa *Vie de Moïse*.

Donc Moïse, dit le Zohar, « n'a pas subi l'empire de l'Ange de la Mort, mais il a adhéré à la *Chekhina* (la “Présence divine”) et il a pris part à la vie du monde à venir, c’est pourquoi on l’appelle vivant ». Et s’il a mérité ce qualificatif par-delà même la mort, c’est que, de son vivant, il était déjà en une telle proximité de Dieu que celle-ci ne pouvait connaître de fin. De Moïse, en effet, il avait été dit : « Je lui parle de bouche à bouche » (Nb, 12, 8). Ce baiser ininterrompu qui soutenait Moïse dans sa vie et sa mission était un don bien supérieur à la vision dont avaient pu être gratifiés d’autres prophètes : « De toute ma maison, c’est le plus fidèle. Je lui parle de bouche à bouche, dans une claire apparition et sans énigmes ; l’image de Dieu, il la contemple. »

Une telle communion constante avec la présence divine est bien, dans la tradition biblique, comprise comme relation amoureuse. La métaphore du baiser est tellement prise au sérieux qu’elle en induit une exclusivité dans la relation d’amour entre le prophète et Dieu. Rachi expliquera que, au mont Sinaï, lorsque Dieu dit à Moïse : « Va leur dire de rentrer dans leurs tentes ; quant à toi, reste avec Moi » (Deut, 27-28), c’est qu’il désire continuer avec lui, seul à seul, ce « bouche à bouche » sacré ; et dès lors, dit le commentateur, une bouche humaine ayant connu ce contact suprême ne pouvait plus s’approcher d’une femme.

L’exception absolue que représente Moïse n’empêche pas, cependant, que d’autres créatures puissent mourir dans un baiser divin. La tradition orale du judaïsme nous apprend qu’Aaron et Myriam, eux aussi, avaient mérité de « rendre l’âme » dans le feu d’une mystique étreinte. Même des personnages non bibliques, comme Rabbi Chi’mon Bar Yo’hay, ont connu cette fin en apothéose - au sens propre, puisque l’« apo-théose » évoque la transfiguration de l’homme par la réalité divine. L’idéal du juste - l’idéal humain - consisterait donc à se purifier à un point tel, de son vivant, qu’au jour de notre mort nous en soyons arrivés à ne rien désirer d’autre que de restituer notre souffle, dans toute sa pureté, à Celui qui nous l’a donné.

Le baiser de la mort n’est alors plus un drame, mais un événement festif qui prolonge la vie.

## « *Qu'il me baise des baisers de sa bouche...* »

Ces audacieuses interprétations, nullement perçues comme « osées » dans le judaïsme, sont traditionnellement mises en relation avec le premier verset du livre le plus atypique de la Bible, le Cantique des cantiques : « Qu'il me baise des baisers de sa bouche... » D'emblée, la Sulamite affirme, dans un langage étranger à tout puritanisme, l'exigence de son désir amoureux. Le baiser, pour elle, tient lieu tout à la fois de préliminaire et de sommet de l'amour. Et son Bien-Aimé de lui répondre sans retenue : « Tes lèvres, ô fiancée, distillent le miel vierge. Le miel et le lait sont sous ta langue... » Délicieux vocabulaire, dont la présence dans le livre sacré n'est certes pas fortuite, et que l'on aurait tort de vouloir minimiser ou passer sous silence. Certains s'y sont employés, au sein même du judaïsme, au prétexte que le Cantique des cantiques était le seul livre biblique à ne pas mentionner une seule fois le nom de Dieu. Mais la tradition juive, dans son ensemble, s'est ralliée à l'avis de Rabbi Akiva, pour qui le monde entier n'est pas digne du jour où le Cantique fut écrit : si toute la Bible est sainte, dit-il, ce livre-là est *kodech kodachim*, « saint parmi les saints ». Il est d'ailleurs l'objet de milliers de travaux d'exégèse rabbinique, fait partie de la liturgie de la Pâque juive, et est chanté tous les vendredis soir dans le rituel séfarade du shabbat. La synagogue n'est donc pas offusquée par les fougueux embrassements des amoureux bibliques.

Les commentateurs chrétiens, eux, privilégieront une interprétation strictement spirituelle de ce texte étonnant, et en particulier de ce fameux baiser qui, à leurs yeux, ne peut être compris que de façon allégorique. Exemple typique : saint Bernard, qui, dans son célèbre commentaire du Cantique, fait grand cas de l'*osculum* du premier verset. Impossible, pour lui, d'associer ce baiser à la simple « union des lèvres seules qui simule la concorde de deux cœurs mensongers ». Pourtant, si la Bible insiste, c'est bien que ce verset a quelque chose d'essentiel à nous dire. Or, la Bible insiste bel et bien, et même de façon déconcertante ; pourquoi, se demande Bernard, cette entrée en matière si soudaine, comme si l'on commençait au milieu d'un discours ? On croirait que l'auteur du livre vient de donner la parole à un premier personnage, et que nous n'entendons ici que la réponse d'un second interlocuteur, brusquement survenu, mais innommé, qui réclame ce baiser. Et puis, s'il demande ou s'il prescrit à je ne sais qui de le baiser, pourquoi ajoute-t-il nommément « de la bouche », et même de *sa* bouche ? Comme si ceux qui s'embrassent le faisaient en tendant autre chose que la bouche, et leur propre bouche ! Mieux encore. Nous lisons non pas simplement : « Qu'il me baise de sa bouche », nous lisons ces paroles assez inusitées : « Qu'il me baise des baisers de sa bouche. »

La nouveauté et l'étrangeté de l'expression, « qui frappe en un livre si ancien », explique Bernard, l'a conduit à voir en ce verset comme une clé mystique qui ouvre sur la fin ultime de l'existence humaine. Celui qui est imploré à travers ces paroles étranges n'est autre que le Christ, dont la personne, « formée par l'union du Verbe et de la chair », est le baiser suprême. En Jésus-Christ, Dieu et l'homme s'embrassent.

> Lorsque deux créatures échangent un baiser, poursuit le prédicateur de Clairvaux, le contact des lèvres exprime l'embrasement de deux cœurs ; mais, ici, le pacte scellé des deux natures réunit les choses humaines aux choses divines. C'est la paix conclue entre la terre et le ciel.

La suite du sermon de Bernard fera pénétrer les auditeurs dans les subtils arcanes de ce premier verset du Cantique : l'âme supplie le Christ de lui donner en partage le « baiser de la bouche », lequel est en réalité l'Esprit saint unissant le Père et le Fils, en toute égalité, au sein de la Trinité. Mais l'homme ne peut avoir accès à ce baiser absolu, il ne peut en pressentir le goût sublime qu'à travers le « baiser du baiser », par lequel l'Esprit saint le fait participer à la vie de la divine Trinité. L'homme a pour ultime vocation la « déification » dont parlent les Pères de l'Église, et il peut y accéder par ce baiser divin au second degré, s'il fait en sorte que son âme se laisse amoureusement approcher par l'Esprit.

Telle est donc l'interprétation bernardienne de ce premier verset, qui servira d'archétype à ce que les théologiens chrétiens appelleront plus tard la mystique nuptiale ou sponsale, centrée sur la métaphore des épousailles, elle-même induite par celle du baiser. Mais la sensualité si expressive du Cantique est-elle réaliste ou métaphorique ? Certains seraient tentés de voir dans la poésie brûlante de ce texte l'expression d'un érotisme purement profane. D'autres ne veulent suivre que la voie très spiritualisante de Bernard. La Sulamite est-elle l'âme vierge face à son Dieu, une figure d'Israël, ou bien tout simplement cette belle fiancée enflammée qui se livre aux baisers de son Aimé, sans que semble l'effleurer l'idée même du mariage ?

> À la lecture du Cantique, répond le poète juif Claude Vigée, il faut se défier autant d'une approche grivoise que d'une interprétation bien-pensante liée à l'allégorie moralisatrice facile. Ces deux lectures sont également réductrices ; elles appauvrissent terriblement le sens qui jaillit des couches sémantiques et musicales multiples du poème.

La question, donc, doit rester en suspens, ou plutôt doit trouver sa réponse dans cette mystérieuse « suspension » qui caractérise l'âme humaine, lieu privilégié de l'éternel baiser entre le Créateur et sa création.

## *Entre l'amour et la morsure, le souffle d'un baiser*

Que le baiser soit l'un des symboles bibliques les plus polysémiques, les plus porteurs de sens multiples et parfois même contradictoires, on en trouve une autre illustration dans la rencontre d'Esaü et de Jacob. Depuis longtemps, Jacob redoute l'inévitable rendez-vous avec ce frère aîné qu'il a jadis floué. Au lendemain de sa lutte courageuse avec l'Ange de Dieu, qui lui vaut le nouveau nom d'Israël, il se retrouve, inquiet, face à son frère ennemi. Mais « Esaü courut à sa rencontre, le prit dans ses bras, se jeta à son cou et l'embrassa en pleurant » (Gen, 33, 4). Or, dans le texte hébreu de la Bible, le verbe *nechiqa*, qui exprime ce baiser inespéré, est surmonté de deux « points massorétiques », destinés à attirer l'attention sur un sous-entendu important. Quant à savoir lequel, les avis sont partagés : Rachi et d'autres commentateurs juifs interprètent ce baiser comme signe de la conversion miraculeuse du frère courroucé : Dieu aurait répondu à la prière de Jacob en embrasant de pitié et de fraternité le cœur d'Esaü, pour qu'il l'embrasse. La métamorphose subite de ce cœur plein de colère manifesterait la toute-puissance divine, car, comme le dit Nahmanide, « les cœurs sont entre les mains de Dieu, il les fait pencher vers là où il veut ». Mais cette leçon édifiante n'épuise pas toute la richesse du commentaire talmudique, et d'autres maîtres, au contraire, mettent en doute la sincérité d'Esaü, en rappelant le livre des Proverbes : « Les corrections infligées par un ami sont preuve d'affection, mais les baisers d'un ennemi sont accablants. » (Pr, 27, 6) Ces sceptiques ont pour eux un argument de taille : *nechiqa*, « embrasser », ne diffère que par une simple lettre de *nechikha*, qui signifie... « mordre » ! Et encore ces deux lettres, *kof* et *khaf*, ne diffèrent-elles dans leur tracé que par un seul et unique point ! L'espace qui sépare le baiser de la morsure est donc de l'ordre de l'infinitésimal, et il y a lieu de s'en inquiéter.

N'est-ce pas précisément cette distance imperceptible entre l'amour et le crime que franchit plus tard un dénommé Judas ? Celui qui dénonça le Christ au mont des Oliviers le fit par un baiser, demeuré tristement célèbre. Et si Jésus lui répondit : « Judas, c'est par un baiser que tu livres le Fils de l'Homme ! » (Lc, 22, 48), c'était peut-être pour nous donner à tous une sorte d'ultime avertissement. Trop souvent, en effet, nos amours et nos fraternités ne procèdent pas d'une conversion de l'âme en profondeur et, de ce fait, cachent de sournoises rivalités. Le baiser, alors, n'est que le masque de la haine. « J'embrasse mon rival, mais c'est pour l'étouffer », fait dire Racine à Néron dans son *Britannicus*, reprenant là une réflexion que l'on trouve déjà chez Montaigne et Sénèque. Ne sommes-nous pas tous un peu des Néron, ou des Judas, dès lors que nous refusons de creuser en nous pour découvrir, au-delà d'une fraternité de surface, le lien réel qui nous unit à l'autre ?

La perversion toujours possible du baiser en morsure, dont parlent les maîtres talmudiques, n'étonnerait évidemment aucun psychanalyste. Tout le monde connaît le lien ambigu qui peut exister entre le jeu érotique du baiser et le fantasme de « manger l'autre ». Mais au-delà des méandres obscurs de la psyché humaine, où la violence se drape parfois des atours de l'éros, la remarque des rabbins nous éclaire sur le sens de l'amour, dont le baiser est le suprême symbole.

Qu'est-ce, en effet, qu'embrasser ?

Lorsque je m'apprête à donner un baiser, je m'approche du visage de l'autre, de cette partie noble de son corps qui reflète le mieux son identité d'être autonome, son altérité, son unicité - le geste prend d'ailleurs une valeur décuplée lorsque ce visage autre, vers lequel je m'avance, est « dé-figuré » par la laideur ou par la maladie, et me renvoie un reflet monstrueux de mon humanité, comme dans le cas du sublime « baiser au lépreux » de saint François.

Je m'approche donc au plus près du visage de mon frère, jusqu'à toucher sa peau, jusqu'à rencontrer la chaleur de son souffle, jusqu'à peut-être sentir son odeur - ainsi Judas, dans l'art italien, se tient-il très proche du visage de Jésus, semble vouloir l'embrasser sur la bouche, et lui entoure la poitrine de ses bras.

À ce moment précis, effectivement, je pourrais mordre, je pourrais profiter de la vulnérabilité de l'autre, qui a baissé sa garde, et me présente en toute confiance sa face et sa poitrine - c'est exactement ainsi qu'opéra Joab pour tuer Amassa :

> Tu vas bien, mon frère ? lui dit-il. Et de sa main droite, il lui saisit la barbe pour l'embrasser. Amassa ne prit pas garde au glaive qui était dans la main de Joab, et celui-ci l'en frappa au bas-ventre et répandit ses entrailles à terre (2 S, 20, 9).

Je pourrais alors me rappeler que ma bouche, avant d'être l'organe de ma parole et de mes baisers, fut celui de la succion du sein maternel, celui de la nourriture. De la nourriture, c'est-à-dire de l'absorption de l'autre, de la réduction de l'Autre au Même, d'une relation dans laquelle l'identité se construit aux dépens de l'altérité. Je pourrais donc être tenté de dévorer mon prochain, tellement proche en cet instant qu'il est à ma merci... Et pourtant, par le baiser, je ne vais que l'effleurer, et par là même renoncer à toute violence. Le baiser est le moyen le plus direct de dire à l'autre que je me nourrirai de sa présence et de sa personne, sans pour autant le dévorer, que je m'enrichirai de lui sans qu'il en soit le moins du monde appauvri. N'est-ce pas là la magie de l'amour, que le poète contemporain Daniel Pons définissait comme des « échanges réels au cours desquels chacun s'augmente sans pour autant diminuer l'autre » ? N'est-ce pas là, mieux que le rire, le propre le plus précieux de l'homme ? La Bible est là pour nous le rappeler... et elle ajoute que, en définitive, ce « propre » nous le tenons de Dieu.

*Jean Mouttapa*

# Mourir pour un baiser...

*Cécile Wajsbrot*

*Le baiser n'est pas seulement plaisir des lèvres, il est aussi souffle, soupir, quête de l'absolu. Il change les statues en femmes et éveille à la vie les Belles au bois dormant. Mais parce qu'il rêve d'infini, parce qu'il dit la nudité (et l'impossibilité) du désir, ses pouvoirs sont dangereux et ses philtres d'amour quelquefois des poisons !*

Tout le monde connaît la Belle au bois dormant et son histoire, la Belle se pique à un fuseau tandis qu'elle est en train de filer et s'endort pour cent ans, seul le baiser du Prince charmant peut l'éveiller, et le baiser du Prince l'éveille - l'amour a rompu le charme. À l'origine, la prédiction de la mauvaise fée - la treizième - qui lui assure la mort, corrigée par celle d'une autre fée, la princesse se piquera, elle ne peut rien y changer, mais, au lieu de mourir, elle sera plongée dans un profond sommeil qui durera cent ans. Le sommeil est à l'image de la mort, disaient les anciens, celui de la Belle est une mort dont on peut revenir, un évanouissement séculaire dont la victime se réveille grâce à un bouche-à-bouche d'un genre particulier. Le baiser représente l'amour et la vie dans ce qu'ils ont d'indissociable. Et si donner l'amour est comme donner la vie - par l'intermédiaire du souffle -, l'absence d'amour est comme la mort, ou, si elle est temporaire, comme le sommeil.

C'est de là que nous partons, en entrant dans la vie, de cette vision des choses, parce que c'est l'évidence, parce que notre enfance se nourrit de ces contes, aussi, et le baiser du Prince, chacune l'attend comme chacun peut attendre la Belle qui transformera la Bête en prince.

Dans ses *Métamorphoses*, Ovide donne au baiser un pouvoir plus absolu encore. Redonner vie à une princesse endormie, c'est une chose, mais animer une statue, c'est autre chose. Pygmalion se refuse à épouser une femme, par dégoût des vices dont, paraît-il, les femmes sont dépositaires. Passons. Il sculpte une statue en ivoire, plus belle qu'aucune femme et qui a toute l'apparence de la vie. Il l'habille, la pare de bijoux, « lui décerne le nom de compagne de sa couche », et le jour de la fête de Vénus, il fait le vœu que son « épouse soit - et comme il n'ose dire : la vierge d'ivoire - semblable à la vierge d'ivoire ». De retour chez lui, il approche de la statue et « lui donne des baisers. Il lui sembla que sa chair devenait tiède. Il approche de nouveau sa bouche ; de ses mains il tâte aussi la poitrine : au toucher, l'ivoire s'amollit ». La statue devient un corps vivant, Pygmalion en éprouve de la joie et de l'appréhension, alors il « presse enfin de sa bouche une bouche qui n'est pas trompeuse. La vierge sentit les baisers qu'il lui donnait et rougit ». C'est par la conjonction du vœu et du baiser que Pygmalion anime sa statue - comme le baiser du Prince charmant éveillait la Belle au bois dormant en accomplissant la prédiction de la fée. On retrouve la même configuration de l'amour lié à un pouvoir surnaturel, qu'il s'agisse d'une fée ou de la déesse Vénus, de quelque chose en tout cas qui dépasse les hommes. Mais c'est le baiser, d'abord, qui agit, comme c'est le baiser, d'abord, que la statue ressent, qui est sa première sensation de femme. Le baiser donne la vie et, par ce pouvoir même, parce qu'il transmet le souffle, porte en lui quelque chose de sacré, quelque chose qui transporte et effraie à la fois - car dans le changement d'état, le passage du sommeil à l'éveil, de l'immobilité au mouvement, il y a quelque chose qui n'est pas si loin de la transgression, la transgression absolue telle qu'elle est contée dans l'histoire du Golem, celle d'oser créer la vie et de se croire, ainsi, l'égal de Dieu (la statue d'argile du Golem vient d'ailleurs à la vie, dans le récit de Gustav Meyrink, par un mot prononcé par la bouche du savant et placé, comme matérialisé, dans la bouche du Golem, la même bouche qui donne le baiser).

Et d'ailleurs, dans les contes qui bercent notre enfance, les baisers ne sont pas toujours heureux.

Dans *La Petite Sirène*, d'Andersen, la petite sirène vit au fond de la mer comme ses sœurs, et, un jour, comme elles, à sa quinzième année, elle a le droit de monter à la surface de la mer. Sur la mer vogue un navire, avec un jeune prince très beau. La tempête éclate et le prince est sur le point de s'engloutir dans les flots. La petite sirène le sauve et lui donne un baiser alors qu'il est encore endormi, puis le dépose sur une plage de sable fin. Elle s'éloigne, une jeune fille sort de l'église et aperçoit le prince, appelle ses amies à la rescousse et le prince revient à lui, entouré de ces jeunes filles, sans savoir que celle qui l'a sauvé n'est pas là. La petite sirène voudrait vivre parmi les hommes pour avoir une âme immortelle - les sirènes n'en ont pas, même si elles vivent trois cents ans, et elle gagnera cette âme si un homme l'aime assez pour l'épouser. Pour cela, elle accepte de se mutiler, de changer sa queue de poisson en une belle paire de jambes qui pourtant, à chaque mouvement, la fera souffrir d'une douleur lancinante ; la sorcière consent à pratiquer l'opération à condition que la petite sirène lui donne sa voix. Et voilà la petite sirène revenue parmi les hommes.

Certes, ce n'est pas le baiser donné au prince qui en est responsable, la petite sirène a toujours été attirée par le monde des hommes et son désir d'avoir une âme immortelle est intense, mais ce baiser n'est pas sans effet puisque, à peine remontée à la surface de la mer, elle se met à la recherche du château du prince. Ce baiser est bien le signe de l'amour, même s'il n'éveille pas le prince comme celui du Prince éveillait la Belle au bois dormant.

Malgré le fait que la sirène ne parle pas, le prince est attiré par elle, et ne veut plus la quitter. Mais l'attirance est imparfaite. Il l'embrasse sur le front, il embrasse sa chevelure, mais, à ses baisers, il manque quelque chose, comme à la petite sirène, il manque la voix - ce n'est pas un hasard, il s'agit du souffle dans les deux cas.

> Tu ressembles à une jeune fille que j'ai vue un jour mais que sans doute je ne reverrai jamais, dit le prince. Me trouvant sur un navire qui fit naufrage, je fus poussé à terre par les vagues, près d'un couvent habité par plusieurs jeunes filles. La plus jeune d'entre elles me trouva

> sur la côte et me sauva la vie, mais je ne la vis que deux fois. Jamais, dans le monde, je ne pourrai aimer une autre qu'elle ; eh bien ! tu lui ressembles, quelquefois même tu remplaces son image dans mon âme.

L'histoire est tragique, le prince confond l'image et son reflet, il voue son amour à la jeune fille du couvent parce qu'elle l'a sauvé alors que c'est la petite sirène qui est son sauveur véritable, mais les actes de la petite sirène sont voués à l'invisibilité, ils se font à l'insu de celui qu'ils concernent. Elle n'a plus de voix - comment pourrait-elle dire la vérité ? -, elle ne peut plus être que le reflet de quelque chose, même si elle est à l'origine, même si c'est elle qui a embrassé le prince, lui donnant vie une nouvelle fois. Pour le prince, c'est la jeune fille du couvent qui est l'image, l'origine, et c'est la petite sirène qui est le reflet.

Le prince doit être marié à la fille du roi voisin. Il n'en a nulle envie jusqu'au moment où il découvre avec une joie stupéfaite qu'il s'agit de la jeune fille du couvent. Il conte son bonheur à la petite sirène, qui en a le cœur brisé. Le jour de la noce du prince, la petite sirène doit mourir, elle a perdu et la longue vie des sirènes et l'âme immortelle ; elle ne peut plus que se perdre en écume. Quelque chose pourrait l'en empêcher, tuer le prince en enfonçant un couteau dans son cœur, ainsi, elle se transformerait à nouveau en sirène, et gagnerait au moins la longueur de la vie.

> La petite sirène écarta le rideau de la tente et elle vit la jeune femme endormie, la tête appuyée sur la poitrine du prince. Elle s'approcha d'eux, s'inclina, et déposa un baiser sur le front de celui qu'elle avait tant aimé.

Puis elle retourne le couteau contre elle-même - puisque c'est son cœur à elle qui s'est brisé. Elle traverse les airs et se trouve dans le ciel, chez les filles de l'air, par sa souffrance, et gagne ainsi la possibilité d'acquérir une âme immortelle par ses propres mérites, et non en dépendant de l'amour d'un homme.

Le dernier baiser, avant ce qu'elle croit être sa mort, est celui de l'adieu. Et celui-là aussi, comme le premier, est donné à l'insu du prince, qui dort, encore, non pas dans l'inconscience de l'évanouissement mais dans un repos que lui donne la félicité. Toute l'histoire se passe dans le cœur de la petite sirène et dans son corps, c'est elle qui se mutile, c'est elle qui accepte l'opération qui rendra son rêve à la fois possible (vivre parmi les hommes) et impossible (épouser le prince), enfin, c'est elle qui embrasse. Mais ses baisers, comme son corps, sont mutilés, mais ses baisers, comme elle, sont muets, elle sait ce qu'ils représentent mais elle est seule à le savoir, le prince dort, à chaque fois, et, malgré le baiser, il ne se réveille pas, c'est dire qu'il ne l'entend pas, que le monde qui les sépare à l'origine les sépare encore maintenant. Entre le premier et le dernier baiser se déroule l'histoire du désir impossible qu'on a cru, un instant, possible, l'histoire de la pire défaite, celle qui vient après avoir cru à la victoire.

*Buscar una cosa*
*es siempre encontrar otra*

« Chercher une chose / c'est toujours en trouver une autre », dit le poète argentin Roberto Juarroz (dans *Douzième Poésie verticale*), et peut-être que le baiser est le signe d'une quête indicible où, à chaque fois qu'on croit enfermer, embrasser - posséder -, on ne fait qu'effleurer, rencontrer, peut-être que toute histoire où s'embrasser est plus que donner un baiser n'est que l'apprentissage du détachement et l'échec de cette tentative.

L'histoire de Tristan et Iseut, tout le monde la connaît sans forcément savoir qu'il en existe de multiples variantes.

Tristan va chercher Iseut en Irlande pour la ramener en Cornouailles où le roi Marc, dont il est le neveu, doit l'épouser. Mais sur le bateau, pendant la traversée, Brangien, la suivante d'Iseut, se trompe et fait boire à Iseut et Tristan, pour les désaltérer, le philtre que la mère d'Iseut a préparé pour sa fille et le roi Marc, et qui doit leur assurer un amour éternel.

Au début de la version de Béroul, Tristan et Iseut se sont donné rendez-vous dans la forêt, le roi Marc est caché, Iseut a compris qu'il les surveillait et le fait comprendre à Tristan, aussi les deux amants ont-ils un comportement qui ne prête pas à équivoque. Et le roi Marc redescend de l'arbre où il s'était perché en se disant : « S'ils s'étaient aimés d'un amour coupable, ils avaient ici toute liberté de s'y abandonner. Je les aurais bien vus s'embrasser. » S'embrasser, c'est le signe de l'amour, et il aurait suffi de cela pour que le roi Marc croie à leur culpabilité, et il suffit qu'il n'y ait pas cela pour qu'il n'y croie plus. C'est dire que la situation ne compte guère - car si les paroles sont claires, la situation ne manque pas d'ambiguïté, ce rendez-vous dans la forêt a toutes les allures d'un rendez-vous secret, d'un rendez-vous coupable - en face de l'acte, ou de l'absence d'acte. Lorsque, un peu plus tard, il avoue à Iseut les avoir espionnés, celle-ci insiste : « Mais, vraiment, vous ne l'avez pas vu s'approcher si peu que ce soit, commettre une inconvenance ou me donner des baisers. Voilà, semble-t-il, une certitude : il ne m'aimait pas d'un amour impur. »

De la même façon, dans la forêt du Morrois où Tristan et Iseut sont obligés de fuir, bien après, pour échapper à la fureur du roi qui voulait les condamner à mort parce que preuve lui a été donnée que Tristan et Iseut étaient dans le même lit (la blessure de Tristan ayant taché de sang les draps royaux), à la suite d'une machination trop longue à expliquer, dans la forêt du Morrois, où ils vivent plusieurs mois, on finit par les retrouver et le roi vient, une nuit. « Iseut a passé un bras sous le cou de Tristan et posé l'autre pardessus, me semble-t-il. Elle le tenait étroitement embrassé. Tristan de son côté l'entourait de ses bras. » Béroul ajoute son commentaire : « Leur amour n'était pas simulé. » Mais « leurs bouches étaient proches et, cependant, un intervalle séparait leurs lèvres qui n'étaient pas rejointes ». Et cette distance infime, à en croire le texte, suffit au roi Marc pour conclure, une fois encore, à leur innocence. Certes, ils sont habillés, une épée les sépare, mais leurs « bouches non jointes » sont la même force d'évidence que l'épée entre eux, les « lèvres qui n'étaient pas rejointes » marquent une mise à distance, peu importe le nombre de centimètres qui les séparent, c'est comme si des kilomètres les séparaient, leurs lèvres non jointes symbolisent la volonté que leurs vies ne soient pas jointes.

Le philtre, dans l'histoire de Béroul, a une durée limitée à trois ans (il arrive qu'il soit éternel, il arrive aussi que l'amour naisse avant le philtre) - à ce propos, il n'est naturellement pas indifférent que le philtre soit un breuvage, que les lèvres qui ont bu sont celles, ensuite, qui s'embrassent. À la fin de *Roméo et Juliette*, il y a la même confusion, la même fusion, pourrait-on dire, car, près du corps de Juliette qui semble morte et qui n'est qu'endormie - d'un sommeil image de la mort -, Roméo boit le poison pour la rejoindre puisqu'il croit être arrivé trop tard, il boit au lieu de donner le baiser du Prince charmant qui l'aurait éveillée, en s'écriant :

*... and lips, O you,*
*The doors of breath, seal with a righteous kiss,*
*A dateless bargain to engrossing death !*

« Et vous, lèvres /portes de l'haleine, scellez-vous d'un juste baiser, / marché infini avec la mort qui avance. »

Tant les breuvages et les baisers peuvent signifier une seule et même chose, la vie, la mort et leurs limites incertaines.

Après trois ans, Tristan et Iseut, repentants, s'aperçoivent qu'ils ne peuvent pas passer leur vie dans cette forêt et dans le bannissement, et ils décident de se réconcilier avec le roi Marc. Leur amour dure encore, pourtant, c'est qu'il n'était pas seulement dû au hasard de l'absorption d'un philtre, et, avant de se séparer, les deux amants échangent des cadeaux, le chien de Tristan pour Iseut, et l'anneau d'Iseut pour Tristan, cadeaux qu'ils considèrent comme le gage de leur amour. Et puis, Tristan donne à la reine, qui vient de lui passer au doigt la bague qu'elle a retirée du sien, « un baiser, qu'elle lui rend en signe de possession ». Ce baiser est le sceau invisible que l'amant appose sur l'amante, et l'amante sur l'amant, comme une partie de l'un qui se pose sur l'autre, un lien qui s'ébauche de l'un à l'autre, lien au sens fort car il s'agit de déperdition ou de perte, d'un rapprochement qui engage beaucoup plus que se prendre la main, que l'enlacement, même, surpris par le roi Marc dans la forêt, car, dans l'enlacement, chacun conserve son intégrité physique, sa propre identité corporelle, rien de l'un ne se confond avec l'autre - d'ailleurs, il peut y avoir d'autres explications à l'enlacement (la nuit, dans cette forêt, il doit faire froid) -, tandis que l'embrassement est un franchissement, un passage de l'autre côté, du côté de l'« amour impur ». L'apposement - le geste de presser les lèvres sur d'autres lèvres et d'imprimer sa marque, la marque de l'un sur le corps de l'autre - est signe de possession et d'assujettissement, même s'ils sont consentis.

C'est ce que dit Nerval dans le célèbre vers du sonnet *El Desdichado*, « Mon front est encore rouge du baiser de la Reine », c'est-à-dire, je porte la marque de la Reine, je suis à elle.

Le *Tristan et Isolde* de Wagner est au-delà de la possession, ou il s'agit d'une possession d'un autre ordre. Tristan et Isolde sont épris l'un et l'autre, dans cette version, avant le philtre, sans savoir ce que l'autre ressent. Désespérée de voir approcher la Cornouailles et son destin - épouser le roi Marc alors qu'elle aime Tristan -, Isolde souhaite mourir avec lui. Elle saisit le philtre de mort, et tend à Tristan la coupe qui contient le breuvage mortel, il en boit la moitié, Isolde boit l'autre moitié, mais la coupe contenait le philtre d'amour préparé et substitué par Brangaene. L'amour a remplacé la mort, à l'inverse du dénouement de *Roméo et Juliette* - mais on recule pour mieux sauter. Les deux amants s'avouent leur passion, car le philtre a libéré leur parole et leurs transports. Après cela, l'histoire suit son cours normal, jusqu'à l'exil de Tristan, où Isolde vient le retrouver pour soigner sa blessure et où la fièvre et le délire, ainsi que la joie de revoir Isolde, le mènent à la mort. Quant à Isolde, elle le rejoint dans la mort, comme elle l'avait voulu sur le bateau qui les amenait en Cornouailles. Dans la vie, leur amour était clandestin, hors la loi, dans la mort, ils sont unis pour l'éternité, et, philtre d'amour ou de mort, c'est au fond la même chose, l'amour contient la mort et la mort l'amour, c'est le sens de ce mot, *Liebestod*, qui signifie quelque chose comme mort-amour, qui signifie que les lèvres qui s'embrassent scellent d'un même mouvement la vie et la mort de l'autre, la vie et la mort de soi.

Dans *Du côté de chez Swann*, le narrateur a besoin du baiser de sa mère pour s'endormir. Ce n'est pas un caprice, comme son père semble le penser, mais un rite, qui, comme tout rite, a quelque chose de sacré. La mère qui se penche sur le lit de l'enfant tend sa figure « comme une hostie pour une communion de paix où mes lèvres puiseraient sa présence réelle et le pouvoir de m'endormir ». Contrairement au baiser du prince qui éveille, celui de la mère endort, mais c'est le même pouvoir, de vie et de mort. Pouvoir de vie, en l'occurrence, et il suffit qu'un soir Swann vienne dîner et que la mère du narrateur ne l'embrasse pas, parce que la cloche vient de sonner et la détourne de son enfant, l'absorbant tout entière dans ses devoirs d'hôtesse, pour que l'ascension du Narrateur vers sa chambre se transforme en chemin de croix, parce que chaque pas l'éloigne d'elle, mais surtout de lui-même, et il monte, dit-il, « contre mon cœur qui voulait retourner près de ma mère parce qu'elle ne lui avait pas, en m'embrassant, donné licence de me suivre ». La chambre est comme un « tombeau », le drap comme un « suaire », et il ne resterait qu'à sombrer dans un sommeil image de la mort si l'angoisse ne tenait pas le Narrateur éveillé, jusqu'au moment où il décide de mettre un terme à sa douleur en prenant la résolution de « l'embrasser coûte que coûte », préférant être longtemps fâché avec elle que de s'endormir sans l'avoir revue. La préférence peut paraître absurde - mais ce serait ignorer le pouvoir du baiser, ignorer que l'importance des choses ne se mesure pas à leur durée - il est des cas où l'importance d'un baiser est vitale, où la conséquence d'un baiser ou de l'absence d'un baiser est incalculable.

Combien de héros de roman se sont consumés dans l'attente du baiser improbable qu'une femme les autoriserait à donner ou qu'elle-même donnerait. Dans *Les Souffrances du jeune Werther*, c'est par un rêve que Werther prend conscience de l'impureté de son amour - ce sont les mêmes termes que ceux d'Iseut - pour Charlotte, mariée à Albert, auprès de qui il vit, en amitié, voulait-il croire malgré certains signes, malgré le mélange d'exaltation et de mélancolie qu'il éprouvait en sa présence. « L'amour que j'ai pour elle n'est-il pas l'amour le plus saint, le plus pur, le plus fraternel ? Ai-je jamais senti dans mon âme un désir coupable ? » L'image du rêve dont il retarde la révélation est celle-ci : « Cette nuit... je tremble de te le dire... je la tenais dans mes bras étroitement serrée contre mon sein, et je couvrais sa bouche, balbutiante d'amour, d'un million de baisers. » Le baiser est signe de l'amour, encore, la bouche qui parle est celle qui embrasse, la force du baiser est d'autant plus grande qu'il a lieu en même temps que les paroles d'amour, qu'il les recouvre, qu'il les recueille, qu'il les boit - donnant aux mots la matérialité de l'acte et, à l'acte, la force immatérielle - on n'ose dire spirituelle - des paroles, de la parole donnée. Tout cela n'est qu'un rêve, mais ce rêve est d'une telle force - celle de la vérité, de la révélation, comme le philtre dans l'opéra de Wagner - qu'il décide Werther à se donner la mort pour mettre un terme à sa souffrance. Il part quelques jours et revient, la veille de Noël, pour voir Charlotte, une dernière fois. C'est le soir, et il lui lit sa traduction des chants d'Ossian - le recueil de poèmes qui a marqué les débuts du romantisme dans toute l'Europe. Naturellement, les chants exaltent la passion et la souffrance de l'amour, Charlotte est en larmes, l'infortune des héros est celle de Charlotte et Werther, lui se jette aux pieds de Charlotte, qui se trouble - car, elle aussi, elle l'aime. « L'univers s'anéantit pour eux. Il la prit dans ses bras, la serra contre son cœur et couvrit ses lèvres tremblantes et balbutiantes de baisers furieux. » Le rêve avait valeur prophétique, la même scène se reproduit, et, plus que l'enlacement, c'est l'embrassement qui les unit. Charlotte se lève brusquement, et signifie à Werther que c'est la dernière fois. Il en avait décidé ainsi, de toute façon, et d'une manière plus absolue. Ce sont les baisers du rêve et les baisers réels qui provoquent la mort, comme si le philtre absorbé - les paroles bues - était à la fois philtre d'amour et philtre de mort, *Liebestod.* Werther se tue mais, juste avant de se suicider, à minuit, avec des pistolets, il éprouve une ultime jouissance à évoquer l'amour de Charlotte. « Il brûle encore sur mes lèvres, le feu sacré qui coula par torrents des tiennes. » Les paroles et les baisers, unis dans la même flamme, atteignent à l'universalité cosmique qui permet l'union des éléments contraires.

L'amour de Félix de Vandenesse pour Henriette de Mortsauf, dans *Le Lys dans la vallée*, commence par un baiser, un geste irraisonné, impulsif, presque incompréhensible. « Je me plongeai dans ce dos comme un enfant qui se jette dans le sein de sa mère, et je baisai toutes ces épaules en y roulant ma tête. » Cette quête éperdue, à peine atténuée par la métaphore qui semblerait signifier qu'il s'agit de la quête de l'amour maternel et non de passion - y a-t-il opposition, d'ailleurs ? -, provoque la colère de Mme de

Mortsauf, d'autant plus que la scène se déroule au cours d'un bal. L'inconvenance, l'inconcevable de ces baisers s'imposent à mesure qu'on en vient à connaître Mme de Mortsauf et sa moralité irréprochable, son entier dévouement à ses enfants. La pente paraît impossible à remonter et, pourtant, Félix la remonte : il est reçu, sa compagnie est agréée. Un jour, Félix éprouve le besoin de revenir sur cette scène primitive. « Purifier le passé », dit-il, ce à quoi Mme de Mortsauf répond : « Il s'agit du premier, du dernier, du seul outrage que j'aurai reçu ! » Mais ensuite, ils parlent l'un et l'autre de leur enfance malheureuse et c'est à l'issue de cette conversation que Mme de Mortsauf lui permet de l'appeler, non pas Blanche, qui est son nom, mais Henriette, comme sa tante bien-aimée l'appelait. Le changement de prénom est évidemment symbolique ; depuis ces baisers, ravivés par le souvenir, la virginité morale et affective de Blanche n'existe plus, une nouvelle femme est venue au monde. Félix se consume d'amour autant que Werther, à la différence qu'il sait, lui, de quelle sorte d'amour il s'agit, mais la morale fière d'Henriette et le péché originel par lequel leur histoire a commencé l'obligent au même silence. La seule chose qu'Henriette puisse accepter, c'est de lui donner sa main à baiser, geste social qui prend, dans ce contexte, une signification autre, qui déplace l'affinité - pour reprendre un mot de Goethe - de la zone interdite à la zone autorisée.

Ce n'est qu'au moment de mourir qu'Henriette laisse entrevoir l'étendue de son amour pour Félix, et avoue, comme Charlotte, qu'il habitait aussi des régions moins pures. « Ah ! oui, Félix, un baiser furtivement déposé sur un front comporte des crimes peut-être ! », s'écrie-t-elle, donnant tout son poids à la retenue dont elle fit preuve, avouant qu'elle n'était pas innocente. Mais l'amour ne peut pleinement s'exprimer qu'après la mort. « Je pus alors, sans témoins, la baiser au front avec tout l'amour qu'elle ne m'avait jamais permis d'exprimer. » C'est une morte que Félix embrasse, tandis qu'Henriette, dans la lettre qu'elle a laissée à Félix, lui avoue : « Si vous avez oublié ces terribles baisers (car Félix, au désespoir, a trouvé auprès d'une autre femme ce qu'Henriette lui refusait), moi, je n'ai jamais pu les effacer de mon souvenir : j'en meurs ! » Ces baisers qu'il ne fallait pas évoquer, ces baisers fous non retenus, lui ont montré qu'il existait un autre monde. Elle est restée sur le seuil, parce que la découverte était trop difficile, c'était la négation de toute sa vie et des valeurs sur lesquelles elle s'était construite mais, ne pouvant plus vivre comme avant, puisqu'elle n'ignorait plus qu'autre chose existait, il ne lui restait que la mort comme issue - qu'une bienheureuse maladie lui accorde, puisque le suicide lui est interdit.

Le baiser, le baiser sur les lèvres, le baiser éperdu ne signifie qu'une chose, la nudité du désir. C'est ce que comprennent Agathe et Ulrich, les jumeaux de Musil, dans *L'Homme sans qualités,* ils se retrouvent, ils vivent ensemble, ils s'isolent du monde, ils se regardent, ils se parlent, leur cœur bat, ils sont au bord, à chaque fois, il leur arrive même de s'enlacer, mais jamais ils ne s'embrassent : ce serait l'ultime aveu, l'ultime transgression, et cela est impossible, ils demeureront, jusqu'au bout de l'inachèvement du roman « ni séparés ni unis », pour ce geste qu'ils n'ont pas fait, c'est ce qui les sauve et les perd à la fois.

Dans l'ordre des rencontres :

GRIMM, *La Belle au bois dormant*
OVIDE, *Les Métamorphoses*
MEYRINK, *Le Golem*
ANDERSEN, *La Petite Sirène*
JUARROZ, *Douzième Poésie verticale*
BÉROUL, *Le Roman de Tristan*
SHAKESPEARE, *Roméo et Juliette*
NERVAL, *El Desdichado*
WAGNER, *Tristan et Isolde*
PROUST, *Du côté de chez Swann*
GOETHE, *Les Souffrances du jeune Werther*
BALZAC, *Le Lys dans la vallée*
MUSIL, *L'Homme sans qualités.*

---

*Cécile Wajsbrot*

# 3. *Éclatants, offerts, spectaculaires*

*En français, le mot baiser désigne aussi bien l'offrande de deux lèvres que l'acte d'amour lui-même. Comme si le substantif n'était qu'un prélude au verbe, mais un prélude plus chaste, plus poétique et, par là même, plus propre à exprimer les nuances des sentiments. Sans doute est-ce pour cela que peintres, romanciers, cinéastes ont toujours eu à cœur de mettre en scène le baiser, transformant ainsi un geste éphémère et fragile en une somptueuse fête des sens.*

La première rencontre entre Roméo et Juliette correspond aussi à leur premier baiser. Elle a lieu au cours d'une fête dans la maison des Capulet, où Roméo se glisse, déguisé en pèlerin.

ROMÉO (à Juliette)

*Si je profane avec ma main qui n'est point digne*
*Cette châsse bénie, c'est un bien doux péché ;*
*Mes lèvres, ces rougissants pèlerins, vont effacer*
*Le trop rude toucher par un tendre baiser.*

JULIETTE

*Bon pèlerin, vous faites injustice à votre main*
*Car elle a montré dévotion courtoise ;*
*Les saintes ont des mains qui touchent les pèlerins,*
*Paume sur paume, c'est le pieux baiser des pèlerins.*

ROMÉO

*N'ont-elles pas des lèvres, les saintes,*
*N'en ont-ils pas, les pieux pèlerins ?*

JULIETTE

*Oui, des lèvres, pèlerin,*
*Dont elles usent pour la prière.*

ROMÉO

*Alors, ô chère sainte,*
*Laisse les lèvres faire ce que font les mains ;*
*Elles prient, exauce-les, de crainte*
*Que leur foi ne tourne en profond chagrin.*

JULIETTE

*Les saintes sont immobiles*
*Même en exauçant les prières.*

ROMÉO

*Alors, sois immobile*
*Tandis que je prendrai le fruit de mes prières.*
*Ainsi le péché de mes lèvres*
*Par tes lèvres est effacé.*

(il l'embrasse)

JULIETTE

*Et mes lèvres ainsi garderont le péché.*

ROMÉO

*Le péché de mes lèvres ?*
*Ô faute doucement reprochée au pécheur !*
*Rends-moi donc mon péché.*

Shakespeare, *Roméo et Juliette*, acte I, scène V
traduction de Pierre-Jean Jouve et Georges Pitoëff, Gallimard, Bibliothèque de la Pléiade, 1959.

# L'amour en rose

*Anne de Marnhac*

*Le baiser, cela s'impose, occupe une place de choix dans le roman rose. Et, certes, l'on peut sourire de ces vertiges faciles, de ces héroïnes tendrement enlacées dont les lèvres s'entrouvrent à l'instant fatidique, mais on peut y lire aussi, au-delà du cliché, la tentation si puissante en chacun d'un monde qui cède enfin, ne nous résiste plus. Un univers magique délivré des contraintes de la réalité.*

Point de roman sentimental sans baiser. On n'échappe pas à cette loi mathématique. Étreintes passionnées ou caresses furtives, s'il est un genre littéraire où le baiser triomphe, c'est bien celui que l'on nomme, au gré des nuances délicates de l'arc-en-ciel, le roman rose ou la littérature fleur bleue. L'eau de rose qui abreuve, tel un fleuve nourricier, ces histoires hautement romantiques, n'est pas seule cause de cette dénomination. Dans ces quatre lettres *rose* se cache et se trouve aussi l'anagramme d'un dieu, Éros, malicieux, rusé... et omniprésent.

Car l'on s'aime, on ne fait même que cela dans ces courts récits - rarement plus de deux cents pages - jetés en pâture, souvent dans des kiosques de gare (d'où une appellation bien moins flatteuse), à des lectrices avides de belles histoires. L'on s'aime, et l'on joue à se trouver au gré de mille quiproquos et conflits jusqu'au happy end, où tout s'achève bien sûr... par un baiser. L'on s'aime et l'on s'embrasse donc, beaucoup, dans cette prose et, s'il n'est pas de romance sans baiser, ce dernier intervient selon une partition invariable. Vers les pages 50 ou 60, soit au premier tiers de l'ouvrage, voilà notre héros masculin qui « s'empare » des lèvres de la pure héroïne. Surprise, ravissement, fureur sont les trois émotions communément ressenties par ces jeunes femmes. Vers la page 100, soit exactement au second tiers du chef-d'œuvre, une deuxième étreinte vient conforter les premières impressions goûtées. Le baiser n'est plus alors subi, mais consenti, signe d'un amour qui ose s'avouer. Mais il faut encore bien cinquante pages pour que les « méchants », et bien plus souvent les « méchantes » rivales aux opulentes chevelures sombres, soient écartés et terrassés par nos amoureux radieux. Alors seulement peut fleurir le baiser final, celui qui scelle l'amour du couple et l'inscrit dans les doux liens du mariage. Moins de sensualité ici, mais un goût d'éternité, mot qui une fois sur deux précède celui de fin. On n'est pas loin du conte de fées, où le célèbre « ils furent très heureux et eurent beaucoup d'enfants » jette un voile pudique sur la vie quotidienne, la ronde des jours vécus par un couple..., bref, la réalité.

S'il est une arithmétique parfaite du baiser (premier tiers, rencontre ; deuxième tiers, échange ; troisième tiers, union), il existe aussi une esthétique rigoureuse du baiser. Afin d'attiser le désir des lectrices, les couvertures vivement colorées annoncent toutes en effet cette fièvre amoureuse. Regardez-les ces jaquettes conçues dans un style hyperréaliste, regardez-les sur un mois, soit environ soixante titres, sur un trimestre, un an, dix ans, par centaines, que nous montrent-elles toutes ? Un homme enlaçant une femme, un homme tête penchée, inclinée, proche, très proche d'une jeune femme radieuse, qui, visage renversé, s'offre à lui. Dans un instant, ils vont s'embrasser. La « position » est immuable. Seuls changent les décors ou arrière-plans que l'on entrevoit derrière le couple. Palmiers brûlants ou montagnes enneigées, vallons bucoliques ou gratte-ciel démesurés, atolls bleutés ou landes brumeuses, tous ces décors des idylles bougent, derrière un couple immobile, comme défilaient, dans les années 50, en un long ruban noir et blanc, les paysages filmiques derrière les héros immobiles de cinéma.

Tel contenant, tel contenu. Ici, la publicité n'est pas mensongère. Ce que la jaquette promet, le livre vous l'offre : de longues descriptions hésitant entre lyrisme laborieux et réalisme technique des baisers échangés. S'il y a donc une esthétique du baiser « rose », il existe aussi toute une rhétorique oratoire qui montre à quel point le baiser est l'enjeu même du roman sentimental.

En effet, non contents de beaucoup s'embrasser, les héros parlent souvent de leurs baisers. Avant, pendant, après, ce sont d'interminables commentaires. « Devrais-je ? », « Oserais-je ? », « Aurais-je dû ? » s'interroge longuement l'héroïne, en proie à de graves conflits intérieurs. Quant au héros, expert en l'exquise matière, et bien moins soucieux de morale, il disserte avec une verbeuse application. Ainsi l'ineffable Brett qui déclare dans *Les Noces impromptues*[1] :

> Quand un homme amoureux goûte aux lèvres de celle qu'il aime, dans sa tête et dans son corps il anticipe déjà d'autres explorations, il goûte par avance à ce qu'il y a de plus intime en elle.

Et notre Pygmalion d'ordonner :

> Ouvre la bouche, Audrey, il n'y a que les enfants qui embrassent en gardant la bouche close, ne le sais-tu pas ?,

puis de commenter avec une imperturbable goujaterie :

> Quand une femme vient de recevoir un baiser, un vrai baiser, cela se voit.

Baisers experts ou baisers novices, faux baisers, vrais baisers, le baiser fait l'objet de tout un discours, parfois même d'un enseignement. Le héros est l'initiateur du baiser, au double sens du terme : c'est lui qui entreprend le baiser, mais aussi lui qui en dicte l'apprentissage. Mais, justement, tous ces baisers dûment commentés, ces étreintes qui nourrissent à la fois les péripéties de l'histoire et les tensions du dialogue, comment sont-ils décrits, énoncés, montrés ?

On saluera d'abord l'infatigable dextérité lexicale, pour ne pas dire l'héroïque virtuosité des auteurs et traducteurs, qui tentent courageusement de varier leurs métaphores. Faisons un bref calcul pour le compte des éditions Harlequin en France. Soit trois longues

1. Les citations de l'article sont empruntées aux *Noces impromptues*, de Penny Jordan ; à *Enfer et Paradis*, de Jayne Ann Krentz ; et à *Noces éternelles* de Kasey Michaels, parus en septembre 1995 aux éditions Harlequin.

scènes de baiser dans chaque roman, soit une bonne quarantaine de nouveautés par mois, soit douze mois dans une année : il a fallu pour la seule année 1995 ciseler environ 1 440 descriptions de baisers ! Nos orfèvres ont beau affûter leur plume et supplier leur muse, ils n'échappent pas au retour des « brasiers », « foudres », « ouragans » et autres images originales. Les baisers sont invariablement « torrides », « passionnés », « brûlants ». Au-delà du caractère involontairement comique de bien des scènes, au-delà du foisonnement d'expressions plus ou moins heureuses, l'étude de toutes ces séquences montre l'émergence de deux grands registres symboliques récurrents : le goût et la force.

Avec le premier registre, c'est toute l'oralité du baiser qui est dépeinte. Le baiser masculin est avide, vorace, dévorateur. Le fantasme ou fantôme de l'ogre n'est pas loin. Le lexique de la faim, le vocabulaire de la soif émaillent les scènes. Un certain Harry, dans *Noces éternelles*, décidément plus Lucullus que Roméo, s'interroge ainsi :

> Avait-elle un goût de cerise ? Un goût sucré qui lui ferait oublier les problèmes matériels ? Il décida d'en avoir le cœur net... Il se sentait capable d'embrasser cette femme jusqu'à ce que la terre entière s'écroule autour de lui, sans jamais le regretter.

Cerises, fraises, framboises, toutes ces comparaisons pastorales confortent, bien sûr, la vision d'une héroïne pure, naturelle, virginale. Citons encore Owen dans *Enfer et Paradis*, qui saisit la charmante Angie, « prit sa bouche avec l'extrême ardeur qu'elle avait espérée... En homme affamé, il entrouvrit ses lèvres brutalement, but à longs traits à leur source fruitée ». Le lexique est éloquent. Le baiser est besoin impérieux, satisfaction orale.

Le second registre serait celui de la force, avec, d'une part, la domination masculine, et, de l'autre, la soumission féminine. L'homme agit, l'héroïne subit. Cette fois, c'est la figure du prédateur, du guerrier, qui est convoquée. Chasseur, le héros fascine par son regard : « Comme hypnotisée, Audrey se sentit peu à peu céder au commandement muet et impérieux qu'elle déchiffrait. » Autant que le vocabulaire, la syntaxe est révélatrice de cette distribution inégale des rôles. D'un côté, des verbes d'action et de conquête :

« saisir », « prendre », « s'emparer ». De l'autre, des tournures passives : la femme « est enlacée », « est prise », « est emportée ». Elle « livre », « abandonne », « donne », « offre ses lèvres ». Car le héros embrasse sa douce souvent par surprise, toujours avec force, parfois même avec violence. Tel passage extrait d'*Enfer et Paradis* donne bien le ton de cette fougue masculine :

> Owen ignora sa requête passionnée. Il prit possession de ses lèvres avec une passion presque brutale et plaça une main exigeante contre ses reins pour la plaquer contre lui. Et, bientôt, ils ne firent plus qu'un même brasier... « Il m'aime », se dit Angie avec ravissement, en sentant avec quelle ardeur Owen l'étreignait.

On admirera au passage la sagacité de la demoiselle défaillante en lui laissant la seule responsabilité de cette déduction : il m'embrasse, donc il doit bien m'aimer.

Le héros du roman sentimental prend toujours l'initiative de l'étreinte, comme Brett, que nous avons déjà rencontré dans *Les Noces impromptues* :

> Soudain, il s'empara de sa bouche, y goûta doucement, éveillant en elle un désir fou, l'amenant à quêter une caresse plus avide. Brett ne se fit pas prier. Il la renversa contre l'oreiller. Jamais on ne l'avait embrassée avec autant de fièvre et d'emportement. Pourtant ce ne fut pas l'élan fou de Brett qui la bouleversa. Ce fut le déferlement de sa passion... Dans son vertige, elle songea confusément qu'elle n'avait jamais rien éprouvé de tel, qu'elle ne s'était jamais sentie si emportée, si peu maîtresse d'elle-même, mue par une force qu'elle ne contrôlait pas.

Vertige du baiser qui est perte du moi, abandon de soi. Si le baiser est aveu d'impuissance féminine (elle cède, s'oublie, se perd), il est aussi affirmation de la suprématie masculine dans cette guerre qui alimente le récit.

En fait, à regarder ce registre de la force, le baiser serait au roman rose ce qu'est le lapsus à la conversation : une faille, un glissement, une trahison. Dans l'image lisse et rassurante de belles et mièvres histoires d'amour, les séquences de baiser révèlent une vision bien machiste, voire misogyne, du couple. Les auteurs, et les éditeurs de toutes ces bluettes ont beau vanter, avec acharnement, le dynamisme, le courage et la grande « modernité » de leurs héroïnes, qui toutes travaillent, gagnent leur vie, se battent courageusement, etc., etc., il suffit d'une étreinte pour que revienne le stéréotype du mâle dominateur s'emparant de la naïve bergère. Elle est faible, il est fort (traduction en langage Harlequin, elle est « fragile », il est « fier »). Elle est inexpérimentée, il est l'initiateur. Elle est passive, il est seul décideur.

Mais surtout les scènes de baiser dûment annoncées dans les jaquettes, longuement décrites dans les romans, enlèvent à l'amour physique tout effet de réalité. Le baiser tient lieu de la sexualité. Il en est le seuil, mais aussi la limite. Certes, des collections comme « Rouge Passion » (titres évocateurs, photos de couverture torrides et détails croustillants) tentent de dépasser cette frontière du baiser et l'on voit nos héros, à grands renforts de « soupirs brûlants » et de « brasiers incandescents », atteindre l'extase, mais il s'agit là de titres isolés et de séquences finalement bien chastes. Non, dans le récit sentimental, le baiser doit inscrire en lui-même et en lui seul le sommet, le pic, le « climax » de la passion amoureuse. Étranges baisers que ces baisers aseptisés qui lient les cœurs, mais n'engagent pas les corps. On a l'impression d'une fixation à une forme d'amour préadolescent, chaste, dépouillé de toute contingence réelle, auquel voudraient rester désespérément fixées toutes les lectrices de ces belles histoires - ces lectrices qui, si l'on en croit les études de marketing, sont pourtant généralement engagées dans la vie professionnelle, mariées, mères de famille, et donc bien au fait des choses de la vie. La double caricature de la vieille fille frustrée ou de la naïve oie blanche lisant fiévreusement Barbara Cartland et autres consœurs n'est qu'une image d'Épinal trop rapidement apposée à un véritable phénomène éditorial.

En effet, la seule société Harlequin, leader du marché, rassemble près de 80 millions de lecteurs à travers le monde. Faisons un bref voyage en arrière. Le roman d'amour naît au XIXe siècle, poussé par les progrès de la scolarité obligatoire qui engendrent une forte croissance de la littérature populaire. Delly - qui cache dans son doux pseudonyme un frère et une sœur prolixes, auteurs de 108 romans - jette les bases de l'esthétique rose : tendres rencontres, malentendus multiples, chastes baisers et mariage final. Mais c'est avec Harlequin, société canadienne née après 1945, que le genre sentimental devient une artillerie lourde. En 1971, Harlequin rachète l'éditeur anglais Mills & Boom, champion du genre, précieux vivier d'exquises romancières à l'eau de rose, et affirme sa stratégie offensive. Le marketing de la grande diffusion, appliqué à la fleur bleue, fait rapidement d'elle un puissant baobab dont les racines vont s'étendre dans 90 pays. Espagnoles, Américaines, Suédoises, Allemandes, voire Japonaises se rejoignent toutes dans leur quête de l'Amour. Certes, traducteurs et rewriters adaptent les guimauves made in USA à la cuisine locale, plus ou moins sucrée, plus ou moins relevée, mais la recette de base demeure invariable. En France, ce sont de 12 à 15 millions d'exemplaires qui s'envolent chaque année, même si l'on note, depuis les années 80, un très net déclin des ventes. On est ainsi passé de 27 millions d'exemplaires en 1981, à 16 millions en 1987. En dépit de multiples plans de relance, de nouvelles campagnes publicitaires et de combats fratricides, plus noirs que roses, entre les maisons rivales, l'impérialisme sentimental est bien moins conquérant. Double signe des temps : la morosité économique éteindrait-elle le rêve ? Les progrès du féminisme exigeraient-ils plus d'audace ? Quelle que soit la réponse et malgré ce réel tassement des ventes, le roman rose a encore de beaux jours devant lui.

En effet, des collections phares, telles « Azur » et « Horizon », ont des tirages à faire pâlir maints éditeurs, et qui peuvent atteindre jusqu'à 70 000 exemplaires pour un seul titre. Le mode de distribution est aussi original puisque les nouveautés, vendues au prix moyen de 16 francs, sont mises en place, tels des magazines, au 1er et au 15 de chaque mois, et retirées de la vente le mois suivant. Un mode de diffusion qui montre à quel point l'on est plus proche de l'objet de consommation, par essence périssable, que du bien culturel. Au siège mondial d'Harlequin, à Toronto, les spécialistes en marketing, qui définissent les stratégies éditoriales et les stéréotypes narratifs, laissent d'ailleurs souvent échapper le mot de « produit ». Dans l'arsenal de préceptes et de codes imposés aux auteurs (la mort, la maladie, la contraception sont plutôt tabous), le baiser a droit aussi à ses règles. On l'a dit, pas de romance sans baisers, mais des baisers retenus dans les limites de la pudeur - des baisers présents dans chaque histoire afin de satisfaire la demande des lectrices.

En définitive, que cherchent-elles donc toutes dans ces histoires toujours semblables, ces idylles éternellement recommencées ? un conte de fées pour adultes ? un temps d'illusion dont elles ne seraient pas dupes ? un « plaisir du texte » qui est plaisir de vivre par procuration des amours adolescentes ? une sensualité limitée à des baisers volés ? Ne serait-ce pas finalement un plaisir tout droit venu de l'enfance ? Celui de la répétition. La jubilation prend sa source dans la « re-connaissance » d'une structure toujours semblable. Ce qui importe à la lectrice sentimentale, ce qui l'emporte pour le petit enfant, ce qui les rassure tous deux en définitive, c'est la permanence et l'immuabilité de leur univers imaginaire. Il faut précisément que l'histoire soit toujours la même, les personnages et les péripéties toujours identiques et identifiables. À l'image du petit auditeur qui trépigne de joie au trois centième « c'est pour mieux te manger mon enfant », ânonné par une mère épuisée, petit auditeur prêt à censurer autoritairement toute variation, toute déviance dans le déroulement narratif, la lectrice sentimentale s'alarme à la vue de toute innovation, si mince soit-elle. Ce qu'elle veut, c'est savourer les délices de l'attente, puis celles des retrouvailles avec son monde enchanté. Ah, ces jaquettes aux couleurs de rêve, avec tous ces couples prêts à s'embrasser !... Ah, ces titres prometteurs ! *Songes d'une nuit d'orage, L'Amour n'attend pas, Les Jeux du désir, Une étrange obsession, Le Triomphe de l'amour, Captive d'un prince* ! Ah, ces personnages clones avec leurs incontournables malentendus, leurs inévitables « baisers brûlants » ! Malheur aux romanciers qui s'éloigneraient de ces voies balisées. Les éditeurs français en ont fait la douloureuse expérience. Désireux de concurrencer leurs puissants voisins anglo-saxons, et animés de la confiance en soi que donne une bonne place dans l'histoire de la littérature, ils ont tous échoué, du moins commercialement, en voulant renouveler la rhétorique sentimentale. L'humour comme le réalisme ont été leur Charybde et Scylla. Ils y ont fracassé leurs voiles.

Vous voulez irriter, frustrer, dégoûter, bref, perdre à jamais une lectrice ? Amusez-vous à couper une scène de baiser, ou bien à la différer jusqu'à la page 130, ou encore à en donner l'initiative à l'héroïne, ou enfin, sublime perversité, à la développer du point de vue masculin… puis regardez les résultats mensuels. Les chiffres vous ramèneront très vite à une plus grande prudence. En effet, à entendre les lectrices que vous aurez ainsi choquées, lectrices dites « abandonnistes » par les études de marketing, le choc a été double. L'auteur les a trahies, l'éditeur les a flouées. On l'a compris, la plus belle histoire d'amour, ce n'est pas celle qui est offerte dans le roman, c'est celle qui se noue entre la femme et son livre. L'intensité du lien avec ce type de littérature apparaît clairement dans ce refus désabusé, cette tristesse du « jamais plus » qui anime les déçues du roman rose. Elles voulaient rêver, et le rêve n'était pas au rendez-vous. Voilà un solide motif de divorce. C'est qu'une attente fantasmatique ne supporte pas la désillusion ni la nouveauté. Tout écart, toute entorse aux règles du jeu romanesque font donc figure de scandale, et sont impitoyablement sanctionnés. Dans ces conditions, l'esthétique du baiser, décrite en préambule, n'a donc guère de chance d'évoluer.

Un roman rose sans baisers, c'est une série noire sans bagarres. Autant dire rien. Car ce qui fait l'identité du genre sentimental, c'est la force symbolique qu'il confère au baiser. Celui-ci anime l'action et tient lieu de langage amoureux, puisqu'il est preuve et signe de la passion. Même le héros masculin, mystérieux et inaccessible comme il se doit, voit son habituel système de communication vaciller dans les séquences de baiser. Car ces étreintes fougueuses ont tôt fait de trahir sa flamme, lui qui jouait au bel indifférent. Même ce grand taciturne, incapable de dire « je t'aime » avant la page ultime, le voilà déjoué dans sa stratégie du silence.

On tient peut-être ici la seule victoire de l'héroïne. Et elle ne s'y trompe pas, même si le doute la taquine parfois : il faut bien alimenter cent soixante pages. Le baiser équivaut à un pacte. Si l'on s'embrasse, c'est que l'on s'aime. Cela va de soi dans la morale « fleur bleue ». On glisse tout naturellement de l'ordre du désir à celui de l'amour, roman sentimental oblige. Le baiser final va donc, en toute logique, conclure l'histoire et clôturer le drame du malentendu, au grand soulagement des lectrices. « Ils s'embrassèrent et ils furent très heureux. » Point final. Le rideau rose peut tomber. « Tout est bien qui finit bien », ajouterait l'ineffable Tournesol, dont la psychologie semble dostoïevskienne au regard de tous ces fantoches. Et au fond, elles en ont bien conscience, toutes ces lectrices, de la naïveté extrême de leurs belles histoires ; ces lectrices timides, qui cachent soigneusement à leur entourage leur penchant pour la romance.

En effet, le roman rose se savoure comme un instant solitaire, doublement vécu dans le plaisir et dans la clandestinité. On s'avoue difficilement « fleur bleue ». On exhibe rarement sa bibliothèque sentimentale, au grand dam des éditeurs du genre, qui s'évertuent à réhabiliter ce type de livre. Alors, duplicité de ceux-ci ? docilité de celles-là ? À les questionner une dernière fois avant de les quitter, toutes ces adeptes sentimentales, elles finissent toujours par éclater de rire : « Ce n'est qu'un jeu ! » Mais il est des jeux dangereux. On a connu certaine jeune femme que portait à la mélancolie le pesant voisinage de Charles Bovary ronflant, elle qui s'était tant enflammée à la lecture de romances :

> Ce n'était qu'amours, amants, amantes, dames persécutées s'évanouissant dans des pavillons solitaires, postillons qu'on tue à tous les relais, chevaux qu'on crève à toutes les pages, forêts sombres, troubles du cœur, serments, sanglots, larmes et baisers, nacelles au clair de lune, rossignols dans les bosquets, messieurs braves comme des lions, doux comme des agneaux, vertueux comme on ne l'est pas, toujours bien mis, et qui pleurent comme des urnes.

Elle a bien mal fini, cette Emma rêveuse. Même si certains (et monsieur Lheureux, son créancier, ne me contredira pas, lui, ou d'autres modernes « marchands de nouveautés ») savent bien, eux, tirer leur épingle de ce jeu-là. En définitive, on s'en doutait un peu, toutes les histoires de vie ne finissent pas... par un baiser.

---

*Anne de Marnhac*

# Des pudibonderies du commerce aux hardiesses postales

*Alain Weill*

*Curieusement l'affiche commerciale offre peu de baisers, comme si on ne faisait pas « ces choses-là » en public. On suggère, on invite, plus qu'on ne montre. L'affiche de cinéma elle-même, pourtant moins timide, insiste davantage sur l'instant où les lèvres se rapprochent. Seule la carte postale n'a pas de ces pudeurs qui prodigue généreusement ses baisers à son destinataire, au vu et au su des voisins, de la concierge, de la famille...*

L'imagerie populaire est, bien sûr, source de baisers. Mais alors que l'affiche de *publicité*, excepté pour le cinéma, s'y prête assez mal et répugne à en faire usage sur la place *publique*, la carte postale, conçue pour permettre de brefs et furtifs échanges privés, y puise fréquemment son inspiration. L'une et l'autre méritent donc d'être étudiées séparément.

## *Le baiser dans l'affiche*

L'affiche est un imprimé destiné à être placardé. C'est un outil de communication, un média comme on dit aujourd'hui (en maltraitant la langue latine) qui doit, dans la mesure où il est public, respecter le code social. Il peut certes parfois jouer avec lui, mais ne jamais l'enfreindre vraiment. Or le baiser dans ce qu'il a de physique semble vraiment déranger. Encore faut-il préciser que l'affiche véhicule des messages dans des domaines très différents. L'affiche politique, par exemple, machine à faire élire, à combattre, à exhorter, n'est pas le lieu naturel des embrassades - nous la passerons donc sous silence.

L'affiche commerciale, en revanche, quantitativement la plus importante, mérite d'être étudiée de près. Sa véritable naissance dans la deuxième moitié du XIXe siècle avec l'apparition d'une illustration de qualité se fait dans un déferlement de représentations du beau sexe. Ainsi Chéret se sert de son modèle féminin, « la Chérette », pour vendre un peu tout et n'importe quoi ; de même Mucha dont la femme aux longs cheveux déployés envahit les murs ; ou encore Pal, Meunier, Choubrac ; Duddley Hardy en Angleterre ; Privat Livemont en Belgique. Or cette femme qu'on dessine sous toutes les coutures pour vendre des vélos, des apéritifs ou des pétroles est singulièrement seule. Aguicheuse, parfois même provocante, elle n'est cependant jamais représentée en galante compagnie. Pour les bals à l'opéra, les redoutes et bals masqués ou le Palais de Glace, Chéret nous montre bien un homme en habit, mais il est presque toujours au deuxième plan, ravalé au rôle de figurant, et rien ne laisse augurer le moindre attouchement. Même pour son affiche « Amants » - une pièce de Donnay au nom pourtant fort prometteur - Mucha se contente de peindre une scène de bal fort banale où, là aussi, aucun geste déplacé ne semble imaginable. Grün, pour les cabarets de Montmartre, met en scène des grisettes se déhanchant au bras de vieillards égrillards, mais, une fois encore, rien de plus n'est suggéré. Dans ce désert d'étreintes, on ne peut recenser que de rarissimes images comme le chaste couple de Rochegrosse pour *Louise* (un opéra de Charpentier) ou une discrète évocation de Georges Redon pour *Voyage d'Amour* à la Scala[1] - titre alléchant mais qu'illustre seulement un timide baiser.

La tonitruante exception va venir de l'homme de toutes les audaces graphiques, mais aussi sociales - Henri de Toulouse-Lautrec qui, avec sa « Reine de Joie », jette un véritable pavé dans cette mare de pudibonderie. Pour le livre de son ami Victor Joze, il représente avec son trait mordant, sa science du cerne et des aplats, l'étreinte gourmande, salace et enfin oh ! combien sensuelle d'un

1. Max Gallot, *L'Affiche miroir de l'Histoire*, Laffont Princesse, p. 154.

D.R.

*Toulouse-Lautrec, « Reine de Joie », lithographie, 1892*

D.R.

*Affichette de René Vincent pour le porto Ramos-Pinto*

vieux banquier et d'une cocotte. L'affiche fit un véritable scandale parce que le baron de Rotschild crut s'y reconnaître (on ne prête qu'aux riches !), mais aussi, très certainement, parce que cette vision crue, installée sur les murs de Paris, devait violemment choquer le bourgeois. Ce chef-d'œuvre mis à part, si l'on passe en revue la production européenne de cette fin de siècle, de baiser peu ou point. On ne peut guère citer que deux vrais baisers passionnés : l'un de Paul Balluriau pour une affiche, sans doute de roman populaire, dont le titre nous échappe ; l'autre de l'italien Dudovitch pour le bitter Campari[2] (mais cette fougue latine ne fut qu'accidentelle, à en juger par le style sculptural et néoclassique du reste de la production italienne).

Si la garçonne coupe ses cheveux et montre ses jambes, si les années deviennent folles, la publicité reste indifférente à tous ces débordements. Nous ne connaissons guère qu'une affichette de René Vincent qui soit réellement suggestive. On y voit un Cupidon et un verre de porto Ramos Pinto interposés entre deux visages aux lèvres offertes. Audaces constructivistes ou machinistes ignorent résolument le sexe. Les personnages hérités de Capiello n'en ont cure eux non plus. Encore le baiser n'est-il pas que sexuel : le chaste baiser n'est guère plus prisé par les affichistes. Difficile, par exemple, dans la période qui va des origines jusqu'à l'entre-deux-guerres, de trouver un tendre baiser maternel ; il est tout aussi rare que le geste amoureux. Découverte après de longues recherches, une seule affiche de Le Monnier en 1931 nous montre une mère prise en flagrant délit : pour vanter les mérites de la bouillie Blédine, elle donne un gros « poutou » à son bébé joufflu. Mais en général les laits, chocolats et autres produits pour enfants semblent vouloir éviter ce contact charnel pourtant bien naturel. Toujours dans le registre des baisers innocents, Achille Mauzan nous offre pour les bains de pieds SNO un roi fainéant embrassant un pied gracile que le bain est censé idéaliser. Le rendu caricatural et grotesque retire tout réalisme à la scène. En fait, tout se passe comme si une règle tacite interdisait d'afficher dans la rue toute scène d'intimité de ce genre, comme si « en public » - donc en publicité -

2. Helmut Rademacher, *Theater Plakate*, Édition Leipzig, 1990, planche 37.

« on ne faisait pas ces choses-là » ! L'affiche contemporaine nous le confirme : le baiser est à éviter et l'audace d'un vrai « patin » roulé en 1951 sur une plage pour vanter aux Américains les maillots Jantzen fait à nouveau figure d'exception, comme une récente affiche anglaise pour le rouge à lèvres Revlon. Même dans le domaine des cosmétiques, où l'on pourrait penser que les baisers sont légion, il n'en est rien. En réalité, on suggère, on reste dans le symbolisme, ce qui, à l'occasion, donne aussi des chefs-d'œuvre comme ces lèvres sur un visage à peine esquissé de Loupot pour Coty, ou, tout aussi réussies, ces variantes en noir et blanc de Gruau pour le Rouge Baiser : on vous évoque le baiser, on vous y invite même foutrement - mais on ne vous le montrera pas !

L'affiche de cinéma, à l'inverse, n'a pas de ces pudeurs, car ici la règle est radicalement différente. Peu de films sans une histoire d'amour et peu d'histoires d'amour sans baiser, mais comme, cette fois, il ne s'agit que d'un « baiser de cinéma », il n'est pas interdit de le montrer. Il est même fortement conseillé de le faire, surtout quand ce sont deux stars adulées du public qu'on voit succombant au charme l'une de l'autre. Savignac, qui est de tous les affichistes celui qui a le mieux su exprimer graphiquement l'essence des choses, l'a parfaitement compris. Appelé à faire l'affiche du Grand Bal du Cinéma, il peint un couple s'embrassant sur l'écran et, gag visuel à l'appui, il nous suggère par transparence que l'homme a dû monter sur un tabouret pour être à la hauteur de la femme... Par ce clin d'œil, il nous dit bien que ce n'est que du cinéma : jamais, dans la vie, ce pauvre nabot n'aurait pu séduire cette beauté. Fiction, fiction qui fait que tout est permis !

Qui donc donne le tournis aux midinettes et aux bourgeoises ? Le bellâtre, évidemment ! Le bellâtre prêt à conquérir l'héroïne et auquel tous les mâles rêvent de ressembler. Aussi, pour attirer les foules vers ces passions de salles obscures, rien de mieux qu'une affiche avec un grandiose baiser. Seulement voilà : rien de plus difficile non plus à dessiner que deux bouches s'unissant. La preuve ? Même pour les vedettes *D'Autant en emporte le vent*, le résultat n'est guère concluant... alors le dessinateur choisit de nous montrer l'étreinte qui précède le fameux baiser. La position est

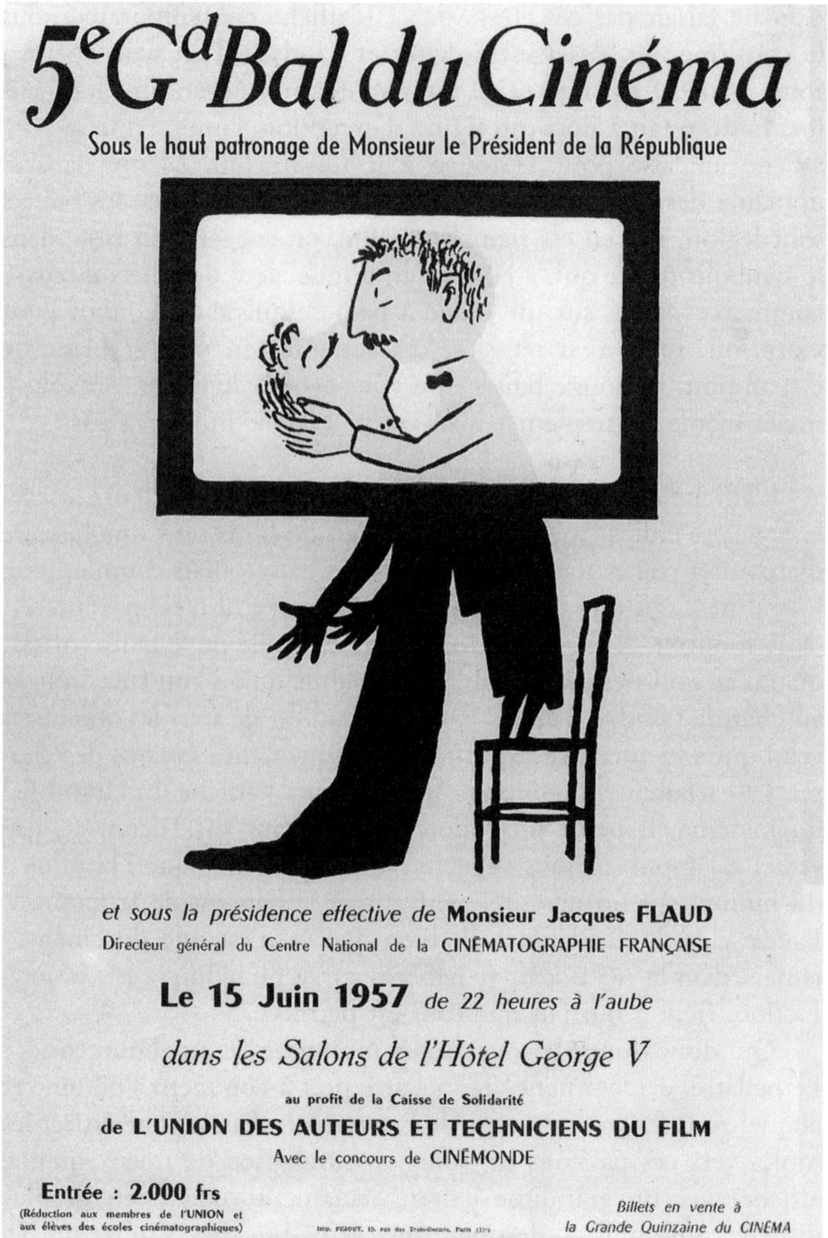




*Affiche de Savignac pour le Grand Bal du Cinéma*

FRANK
LLOYD
Production
Ann
HARDING
in
EAST
LYNNE
with
Clive BROOK
Conrad NAGEL
CECILIA LOFTUS • BERYL MERCER
Settings by JOSEPH URBAN
FOX
Movietone

D.R.

presque toujours la même : l'homme, bien sûr, domine la femme qu'il tient légèrement renversée et sur laquelle il se penche. L'archétype de cette image est l'affiche d'*East Lynne* avec Clive Brook et Conrad Nagel. On la retrouvera, à quelques variantes près, des centaines de fois. Citons, pour mémoire, les langoureuses étreintes de Cary Grant et de Joan Arthur *(Only angels have wings)*, de Sylvia Sydney et d'Henry Fonda *(You only love once)*, de Marlène Dietrich et de Gary Cooper *(Morocco)*, de John Gilbert - un spécialiste - et de Greta Garbo *(A Woman of affairs)*, mais aussi celles d'Edwige Feuillère et de Jean Marais *(L'Aigle à deux têtes)*, de Jeanne Moreau et de Marcello Mastroianni *(La Notte)*. Une pratique qui deviendra courante avec les films à l'eau de rose (série B). Comme si un voluptueux baiser était la recette la plus sûre pour remplir les salles d'un public féminin avide de grands frissons...

## *Le baiser dans la carte postale*

La carte postale exerce à l'évidence une tout autre fonction dans notre société. Alors que l'affiche s'étale au vu et au su de tous sur les murs de la ville, elle relève, elle, du secret de la correspondance et renvoie par conséquent au secret des sentiments. Un inconvénient cependant : l'absence d'enveloppe qui rendra les déclarations d'amour transparentes au facteur, au concierge ou aux autres membres de la famille. Il faudra donc être fort peu timide, amoureux fou ou indifférent au qu'en-dira-t-on pour envoyer les cartes les plus osées. On objectera que rien n'empêche de les glisser dans une enveloppe. Pourtant, bon nombre de cartes que nous avons retrouvées, dûment affranchies, prouvent que l'amour est plus fort que bien des barrières même sociales !

Les cartes postales dites « légères » - comme celles, importantes, consacrées au baiser - ont en revanche l'avantage de parler d'elles-mêmes, ce qui, surtout au tournant du siècle où les classes laborieuses avaient souvent une alphabétisation sommaire, était un gros avantage. Point besoin pour se déclarer ou faire un signe amoureux de se sentir l'âme d'un poète : l'éditeur s'y emploie pour vous. On trouve donc beaucoup de cartes où des couples s'embrassent langoureusement avec pour légende une phrase d'un romantisme pompeux ou, dans d'autres cas, coquine. Cette charnière du siècle fut, en réalité, l'âge d'or de la carte postale. Le téléphone était alors réservé à une poignée de privilégiés et les tournées journalières des facteurs nombreuses : on s'écrivait beaucoup, ne serait-ce que pour se fixer rendez-vous. Aussi la production était-elle pléthorique et, pour animer la correspondance de leurs clients, les éditeurs avaient recours à des séries de 6 à 12 images racontant une histoire, sorte de préfigurations primitives du roman photo. Une série dont nous reproduisons deux cartes montre par exemple le manège provocateur d'une femme venant troubler le travail de son compagnon pour lui voler un baiser...

Des baisers, en fait, il y en a par milliers, souvent fort sensuels d'ailleurs, avec des commentaires d'un « pompiérisme » particulièrement gratiné. La Grande Guerre, en séparant des millions d'amoureux, donne prétexte à l'édition de cartes où se côtoient amour et patriotisme, comme cette banque des poilus, campagne 1915-1916, du royaume des tranchées où le pauvre bougre (« son coco au front ») peut envoyer « mille bécots à sa crotte », sur fond de barbelés, grenades et autres obus ! Le kitsch de la chose arrive presque à être à la hauteur de l'horreur de la guerre. Le retour de la paix voit réapparaître de nouvelles étreintes - seules les coupes de cheveux changent. Progrès technique aidant, la carte postale devient aussi disque : l'audiovisuel fait des débuts balbutiants ! Les baisers fougueux ou langoureux se succèdent ainsi, année après année, le costume, le maquillage et la coiffure étant seuls à véritablement évoluer.

On en arrive ainsi à ausculter la production contemporaine. Une étude systématique, lors d'un récent voyage sur la côte normande, nous a convaincu que l'éditeur actuellement le mieux distribué est Combier (à Mâcon) avec toute une série d'embrassades. Le tee-shirt, le jean, le 4 × 4 ou la décapotable américaine assurent la contemporanéité de ces petits chefs-d'œuvre de sensualité grotesque. Les photos sont médiocres, les mannequins vulgaires - une carte porte une légende : « plein, beaucoup, partout, plus que jamais ! » - tout un programme. Rien à voir avec le splendide instantané de Doisneau, « le Baiser de l'Hôtel de Ville » qui, même

N° 4. Elle. – Je veux que tu m'embrasse,
je t'aime tant.

N° 5. Lui. – Un baiser ? oui. – mais rien qu'un

D.R.

ROYAUME des TRA CHÉES
BONHEUR
TENDRESSE
BANQUE DES POILUS
Tranchées Campagne 1915-16
PASSIO
FÉLICITÉ
MILLE BÉCOTS
Payable à
de la part de
ma Crotte
son coco au front
Le Régent de la Banque
La Caissière Principale
FILS de FER BARBELÉS
CRAPOUILLOTS GRENADES
ROSALIE OBUS
FLINGOT
E.M 235

si les modèles posaient, se démarque de ce genre de production par la vision d'un vrai grand photographe.

Les plus timides ou les amateurs de clichés plus passe-partout trouveront de quoi les satisfaire sur les présentoirs avec deux séries : « Parlez moi d'amour » qui montre toute une série d'animaux en train de se lécher et de se frotter le museau, depuis les chevaux jusqu'aux rhinocéros, et « Humour à la carte » qui, à côté d'images banales, propose des petits enfants, déguisés en adultes, se roulant des patins ! On ne peut pas dire que tout cela déborde d'imagination ni qu'on puisse noter la moindre percée créative ! Ce siècle de baisers en cartes postales se déroule comme un kaléidoscope de platitude et d'ennui salivaire... De récents déplacements en Allemagne et en Espagne m'ont vu revenir bredouille : hors les horreurs de Combier, point de production autochtone. On s'embrasse décidément moins qu'avant ! Les avant-gardes de toutes les époques et de tous les pays, de même que les graphistes et les plasticiens en tous genres, s'ils ont joué avec les corps et le sexe, ne se sont que peu arrêtés à ce symbole qu'est le baiser. Seule une carte new-yorkaise[3] offre une version moderne de l'embrassade. Le monde a sans doute perdu beaucoup de sa naïveté fleur bleue et le téléphone malmené les correspondances amoureuses. Inquiétez-vous, Internet fera le reste !

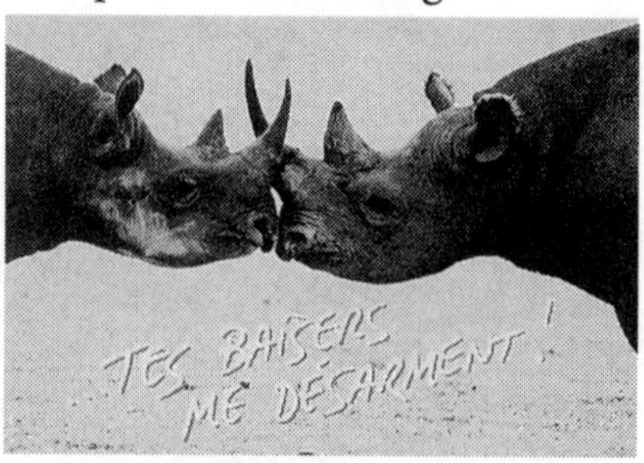


Photo © D.R.

3. Collage de Dennis O'Donnell, 1980, Twilight Studios, USA.

# Émotionnellement bidimensionnel

*Bernard Marcadé*

*Comment peindre ou sculpter un déploiement de formes et de gestes qui se referme inexorablement sur lui-même ? Oui, comment évoquer visuellement ce qui est d'abord de l'ordre du goût, de la consistance, de l'humidité, de la chaleur, de l'intimité ? En ce sens, le baiser est un défi permanent pour un artiste, comme si sa représentation n'était possible qu'au prix de la dévoration de la représentation elle-même...*

Baiser et représentation ne font pas bon ménage. Peu d'embrassades dignes de ce nom dans notre Occident de l'image ; et moins encore d'embrassements. À peine quelques effleurements, ici et là, entre la mère et l'enfant ; quelques frôlements entre les protagonistes amoureux de l'Olympe ; quelques gauches approches, quelques furtives velléités du côté des scènes de genre hollandaises et flamandes. Combien d'enlèvements et de pâmoisons, combien de serments et de folles chevauchées, comparés à ce geste simple qui scelle l'amour maternel et la fraternité autant que la reconnaissance et la passion dévorante. Le baiser est à la fois trop simple et trop compliqué. Trop simple, parce que lié à notre humaine, trop humaine, condition ; trop compliqué, parce que indéfectiblement compromis avec une intimité qui défie le visible. La peinture et la sculpture classiques semblent arriver trop tard ou trop tôt. Il leur est impossible de privilégier une action qui ne possède pour consistance qu'un déploiement de formes et de gestes qui se referme inexorablement sur lui-même. La Représentation classique demeure impuissante devant ces moments de confusion des êtres et des genres, face à cette suspension du temps qui met en échec son idéal de clarté et de distinction. Il faudra attendre le XVIIIe siècle (avec Fragonard et Watteau) et plus encore le romantisme (de Canova à Géricault) pour que, sans autre alibi que lui-même, le baiser gagne ses lettres de noblesse.

## *La langue, la flèche et le téton*

Dans ce paysage déserté brille néanmoins une exception, suscitée, il est vrai, par un contexte artistique et esthétique en rébellion contre les prétentions renaissantes à la transparence. Le baiser de Cupidon à Vénus peint par Bronzino au zénith du maniérisme italien (*Allégorie de l'Amour*, vers 1546, National Gallery, Londres) est une forme de conspiration esthétique et morale où se mêlent érotisme, allégorie et froideur. Rien ici n'exprime la passion. Tout - du dessin à la couleur et à la composition - est agencé de manière cérébrale. Le sujet est par lui-même suffisamment provocant - il s'agit d'un épisode incestueux - pour que le peintre n'en rajoute davantage. La scène est tendue, sans pour autant se complaire dans une quelconque crispation. Cupidon embrasse Vénus du bout des lèvres tout en pinçant le téton gauche de sa mère entre ses doigts. Vénus lui rend son baiser du bout de la langue, tenant dans une main une pomme offerte au jeune garçon, dans l'autre une flèche, qu'elle dissimule à sa vue.

La flèche, la langue et le téton constituent les sommets d'un triangle autour duquel s'organise le mouvement de la scène. Le caractère pointu et acéré de cette structure s'oppose aux rondeurs cambrées et androgynes de Cupidon et aux veloutés marbrés et glabres de la déesse. Cette acuité est redoublée par la présence aux pieds des deux protagonistes d'un couple de tourterelles se becquetant, allégorie traditionnelle de l'amour, allusion évidente aux « caresses amoureuses » selon l'*Iconologie* de Cesare Ripa. Vénus semble être prise par surprise. La torsion de son corps évoque davantage une descente de croix qu'une position alanguie et amoureuse, alors que Cupidon, agenouillé sur un coussin, paraît se trouver dans une posture mieux adaptée aux circonstances. Cette allégorie de la Luxure (Panofsky) est aussi celle de la Ruse. Il y a en effet trop de poli dans ces corps étrangement imbriqués, trop de lisse, trop de froideur calculée, trop d'arabesques contrôlées dans le baiser du premier plan pour que l'on prenne au sérieux le discours moral qui semble s'articuler autour et au fond de la scène. Qui de Cupidon ou de Vénus mène les ébats ? Est-ce une scène d'initiation ou d'édification ? Le tableau de Bronzino brouille à l'envi ces questions. La multitude de significations suscitées semblent toutes glisser à la surface de la toile. Ce baiser partagé comme par inadvertance joue sur le fil de l'amour filial et de la passion incestueuse. Cette langue pointée sur les lèvres aimées déjoue à sa manière les relations entre intérieur et extérieur. En laissant entrevoir ce muscle mou, humide et vibrant, Vénus donne accès à son intimité. Ces surfaces glacées, soudain, s'ouvrent comme par effraction, laissant se déployer une profondeur jusque-là jalousement scellée.

## *Le vif, le mort & le flou*

Ce tableau est une exception dans le paysage classique. S'y lit cependant, en filigrane, toutes les inhibitions immanentes au procès représentatif. Le baiser est en effet le signe avant-coureur de deux situations qui marquent les limites de la représentation : l'amour et la mort. La putréfaction et l'accouplement sont les frontières de l'irreprésentable occidental. Sans doute n'est-il pas innocent que certains partisans médiévaux de la Doctrine du Mépris du monde les fassent se réunir : « Lorsque tu prends dans tes bras les membres d'une femme, contemple les vers, la sanie, l'insupportable puanteur qu'elle sera dans peu de temps, afin que la représentation de cette pourriture à venir te fasse prudemment mépriser les déguisements d'une beauté de théâtre. »

Le baiser est traditionnellement l'instrument des métamorphoses (Amour et Psyché, la Belle au bois dormant...) et, plus précisément encore, la pierre de touche d'une transaction entre le vif et le mort. On pense bien sûr ici au fameux tableau de Hans Baldung Grien, *La Mort et la Jeune Fille* (1517), qui montre une jeune fille à la blancheur immaculée étreinte par un squelette aux dents acérées tentant à toute force de lui ravir sa jeunesse et de gagner aussi par là son immortalité - version anticipée du baiser vampirique dont Edvard Munch, quatre siècles plus tard, donnera une version inversée aux confins du symbolisme et de l'expressionnisme (*Vampire*, 1893).

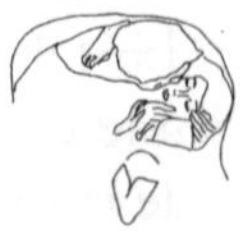

Le baiser amoureux est le lieu cardinal, intime et quasi invisible des circulations, des transmissions, des transmutations et des proliférations. Embrasser, c'est accéder à l'intimité de l'autre, à son intérieur. Creuset du goût, du toucher et de l'odorat, c'est de l'ouïe et surtout de la vue que le baiser est le plus soustrait. L'ouïe et la vue opèrent à distance, le baiser est un mouvement qui abolit l'écart, obligeant les corps à un rapport de promiscuité. Embrasser, c'est entrer nécessairement dans une zone de flou, c'est faire le deuil de tout contrôle, de toute accommodation visuelle, c'est se risquer à l'abandon et à la perte de repères. Au plus fort de l'embrassement amoureux, les amants souvent ferment les yeux, pour se laisser porter par son vertige, à l'instar du fameux *Baiser* de Gustav Klimt, qui est en réalité une étreinte, puisque yeux et bouche fermés font singulièrement face au spectateur. Le temps du baiser provoque une mise hors tension de la parole et de la vue. On s'embrasse paradoxalement quand on n'a plus rien à se dire et pour ne plus se voir. En ce sens, le baiser coupe court à tout commentaire et à toute représentation.

## *Peinture & sculpture*

Rien dans les arts de la représentation n'évoque ce qui fait l'intimité du baiser : sa consistance, son goût, sa chaleur, son humidité... Toutes ces qualités renvoient à une expérience que l'on éprouve hors de la vue. Plus qu'un mouvement, une action, un événement impliquant sensations et affects, les arts de la représentation font du baiser une configuration, une forme. Devant la difficulté qu'il y a à rendre compte du mouvement du baiser proprement dit et de sa profondeur, les peintres et sculpteurs de la tradition vont privilégier un moment dont il est le plus souvent difficile de lire s'il se situe avant ou après, mais qui évite la rencontre proprement dite.

Quand Canova fait référence à l'épisode des *Métamorphoses* d'Apulée qui met en scène Psyché ranimée par le baiser de l'Amour (*Cupidon et Psyché,* 1787-1793), il est possible d'imaginer qu'Amour vient d'embrasser Psyché, mais on peut tout aussi bien conjecturer que le baiser libérateur n'a pas encore eu lieu. Le sculpteur laisse se déployer une indécision qui renforce la tension formelle de l'ensemble. C'est la distance entre les lèvres tendues l'une vers l'autre, le suspens, qui impulse le mouvement de l'enlacement des figures. Le baiser comme mouvement transfigurateur, qui opère le passage d'un état à un autre, le baiser comme souffle, qui insuffle ou réinsuffle la vie à la matière inanimée, devient ici allégorie de l'idéal - pygmalionesque - de la sculpture.

Quatre années plus tard, en 1797, François Gérard reprendra ce thème en peinture : *Psyché recevant le premier baiser de l'Amour.* Ici le baiser se fait plus chaste encore. Psyché est comme pétrifiée. Les yeux fixes, dirigés en dehors de la scène. Elle semble attendre dans son sommeil le baiser libérateur. Amour esquisse avec délicatesse un semblant de baiser à la frontière du front et des cheveux. Il n'étreint pas Psyché. Ses bras entourent la tête de l'endormie sans la toucher. Alors que Psyché croise chastement ses membres en dessous de sa poitrine. Seul le papillon au-dessus d'eux semble être le garant métaphorique du pouvoir de la métamorphose. Tout se passe comme si les moyens de la peinture s'avouaient par eux-mêmes incapables de donner vie et mouvement aux figures. Comme s'il fallait fatalement en passer par l'image et le symbole.

La représentation classique du baiser trace ici une ligne de démarcation radicale entre peinture et sculpture. Vouée au semblant et au simulacre, la peinture se montre impuissante à mettre en œuvre l'intimité d'un geste. Elle se réfugie derrière une description illustrative. En faisant l'économie de la description au profit de la mise en tension, la sculpture fait le deuil de l'image, elle manque la saisie du point d'incandescence que constitue le jointoiement des corps dans l'espace-temps du baiser. Ces deux points de vue restent inconciliables.

Les accordailles de la peinture et de la sculpture demeurent une chimère. Rodin lui-même verra l'impasse dans lequel il s'était fourvoyé avec son fameux *Baiser* (1887-1898) qui tentait de représenter sculpturalement le moment fusionnel des amants. Il ne réussit finalement qu'à produire une jolie « image », fermée sur elle-même :

> Sans doute l'enlacement du *Baiser* est très joli, reconnaissait-il, mais dans ce groupe je n'ai rien trouvé. C'est un thème traité souvent suivant la tradition scolaire : un sujet complet en lui-même et artificiellement isolé du monde qui l'entoure : c'est un grand bibelot sculpté suivant la formule habituelle et qui retient étroitement l'attention sur les deux personnages représentés au lieu d'ouvrir de larges horizons à la rêverie.

Brancusi saura tirer les leçons de cet échec. De 1907 à 1945, il donnera de nombreuses versions du sujet, à l'opposé de la conception de Rodin. Taillée directement dans la pierre, la scène ne décrit rien, le sujet est l'expression même de la matière. Alors que Rodin avait installé son couple enlacé sur un rocher, c'est avec Brancusi le rocher qui semble s'enlacer avec lui-même, renouant ainsi avec la tradition médiévale et « primitive » de la sculpture.

Entre-temps, il est vrai, la peinture s'était affranchie de l'image. Le romantisme avait pris en compte la pulsion ; avec l'impressionnisme, la couleur s'était désolidarisée du dessin ; le cubisme avait bouleversé la perspective centrale renaissante. La peinture, enfin, pouvait affronter sans complexes, mais non sans difficultés, un sujet qui la tenait jusqu'alors à l'écart.

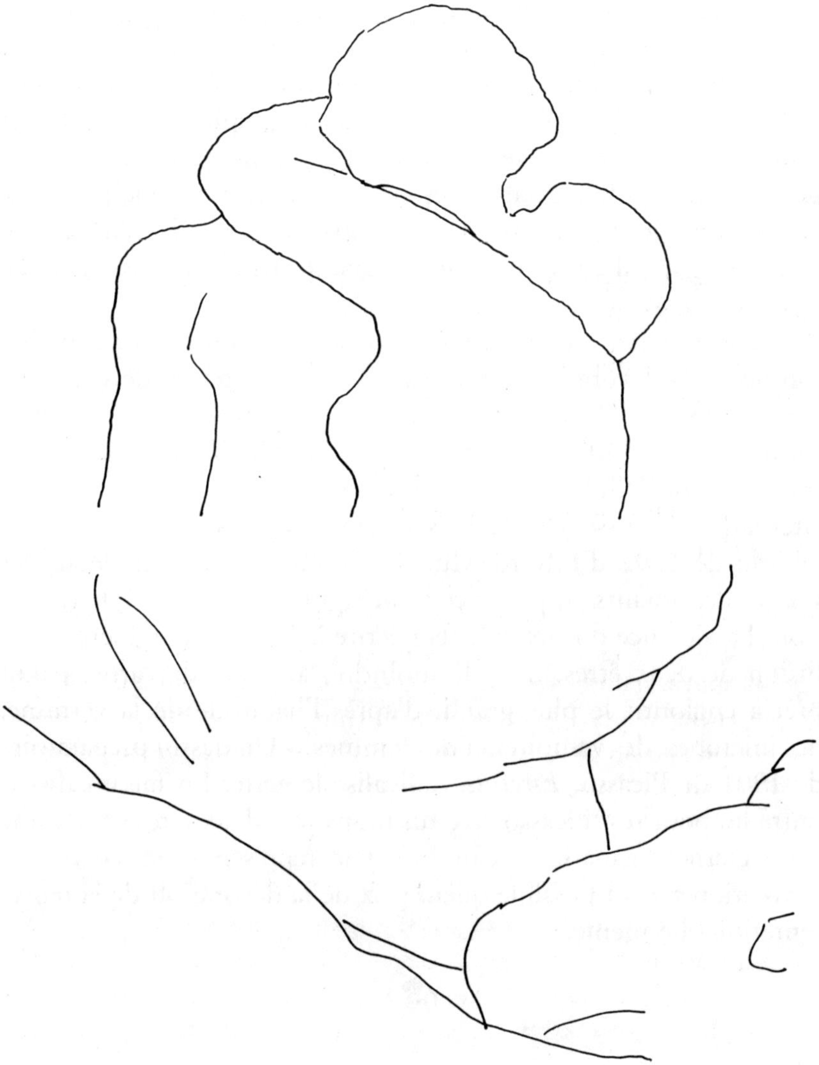

## *Dévorations*

Le face-à-face du baiser amoureux est généralement le prélude à l'autre face-à-face, le préliminaire à l'accouplement. Le baiser mime l'acte sexuel. Si le baiser peut accompagner l'acte sexuel proprement dit, le redoubler en quelque sorte, il joue le plus souvent comme hors-d'œuvre ; signe avant-coureur de la pénétration, il en préfigure, il en mime le mouvement, même si souvent on en reste là.

Mais le baiser est simulacre d'une activité qui ose à peine dire son nom : la dévoration. Embrasser, c'est aussi tenter de s'annexer par absorption les forces de l'autre, sans qu'il y trouve, selon la formule, rien à redire. Manger ou parler, telle est l'alternative qui traverse, pour Gilles Deleuze, l'œuvre de Lewis Carroll. Cette alternative est aussi celle du baiser et celle de sa représentation. Un tableau de 1892 d'Edvard Munch, *Le Baiser*, efface le détail des visages des amants en présence pour signifier la voracité de la passion. La violence du procédé fera écrire à August Strindberg : « La fusion de deux êtres, dont le moindre, à forme de carpe, paraît prêt à engloutir le plus grand, d'après l'habitude de la vermine, des microbes, des vampires et des femmes. » Un dessin préparatoire de 1901 de Picasso, *Étreinte*, radicalise le geste. En faisant disparaître les bouches, Picasso crée un monstre à deux têtes condamné à un éternel face-à-face. Comme si la représentation du baiser-dévoration n'était possible qu'au prix de la dévoration de la représentation elle-même.

On ne compte plus les représentations d'étreintes chez Picasso. Des baisers aux langues acérées et aux dents menaçantes des années 30 (*Le Baiser*, 12 janvier 1931) aux accouplements de la fin des années 60 (*Le Baiser*, 24 et 26 octobre 1969), le peintre joue sur tous les registres formels et fantasmatiques - de la terreur du « vagin denté » au désir cannibale -, avec pour unique point de mire la captation frénétique du moment de la fusion amoureuse. Cette fusion passe physiquement par la confusion des organes et des orifices. Dans ces soulèvements quasi géologiques de formes et de matières, il devient difficile de distinguer ce qui appartient à l'homme et à la femme, ou, comme dans *Le Baiser* de 1929, d'identifier ce qui est sexe de ce qui est œil, langue... Nez et bouches s'écrasent, entrent en copulation, au point de s'identifier les uns aux autres. Le tableau semble soumis à une contamination générale. Les frontières se brouillent au profit d'une insurrection générale des formes. Absorption, révulsion, aspiration, contorsion deviennent ici la règle. Une règle régie par le plaisir.

## *Un point de vue de l'intérieur*

Rien de fantastique en effet. Aucune interprétation, aucune transfiguration. La vision se veut réaliste, descriptive même ; elle se tient au plus près du désordre amoureux, elle épouse la fulgurance des pulsions, elle en retranscrit fougueusement les intensités, tout en en accompagnant les tremblements. Le déplacement des organes effectué suit à la lettre le déplacement du désir.

S'embrasser, c'est entrer, pour Picasso, dans un processus de déformation et de dévoration réciproques. Il ne s'agit pas en l'occurrence d'un maniérisme esthétique, mais bien de la retranscription plastique d'une expérience sentimentale et sensuelle vécue de l'intérieur. Picasso n'aborde pas l'étreinte en voyeur. Il est totalement impliqué par cet acte ; comme si peindre un baiser et embrasser était un seul et même geste. Sa gourmandise des formes n'a d'égale que sa gourmandise des femmes. Picasso se revendique cannibale, cannibale de l'art, cannibale de l'amour. Il y puise sa force, son énergie, son pouvoir de pénétration. S'il lui arrive de se mettre à distance, comme dans sa série de gravures des années 70 mettant en scène Degas au bordel, c'est en connaissance de cause. Picasso ne regarde pas directement la scène. Ce qui l'intéresse, c'est de regarder le regard de Degas, ou, dans la série *Raphaël à la Fornarina*, le regard de Michel-Ange, du pape ou même de son graveur Piero Crommelynck.

Dans ses tableaux tardifs, Picasso se situe au cœur des étreintes. À la fois juge et partie, arroseur et arrosé, son point de vue est nécessairement déformant. Ce processus d'identification - de projection - est proche à cet égard du dispositif fantasmatique du cinéma, auquel sa peinture emprunte d'ailleurs ses cadrages en gros plan. Le cinéma, en effet, est un lieu qui se dédouble. Il caractérise aussi bien le lieu obscur dans lequel on assiste en public à une projection que cette projection elle-même. Combien de fois avons-nous pris prétexte de nous rendre au cinéma pour avoir la volupté de nous trouver enlacés avec notre voisin/e à l'ombre bienveillante des étreintes de Lauren Bacall et Humphrey Bogart, dans le contrechamp complice d'Errol Flynn et Olivia de Havilland, sans compter la multitude de baisers anonymes qui peuplent la déjà longue histoire du cinématographe !...

## *Un baiser de cinéma*

> Mon ambition, remarque Jean-Luc Godard, est d'arriver à filmer des gens qui s'embrassent. Je ne vois pas encore très bien comment ça peut se faire. Dans tous les films, on ne sait pas filmer les rapports sexuels, ça n'a aucun sens. Les cinéastes filment ce qu'ils savent, pas ce qu'ils voient. La moitié des gens ferment les yeux quand ils s'embrassent ou quand ils se touchent, les trois quarts éteignent la lumière, dans les films, on voit une ou deux espèces de gros chewing-gums qui remuent sur un matelas. Une impuissance totale.

Godard, une fois n'est pas coutume, s'exprime comme un peintre. Il souligne ici le caractère irreprésentable de l'étreinte en même temps que son désir irréfragable de vouloir la représenter. « Le baiser, dira-t-il encore ailleurs, c'est la chose la plus intime, la plus privée, la plus personnelle et donc la moins montrable. Sur un grand écran c'est dégoûtant à voir. » On l'aura compris, les réticences de Godard ne sont pas que cinématographiques. Les difficultés artistiques sont l'envers complice de nos difficultés morales. L'obscénité du baiser nous renvoie à notre propre obscénité ; l'impuissance à le représenter, à notre propre impuissance.

On pourrait croire cependant que les baisers accèdent enfin avec le cinéma à leur plus fidèle reproduction. Jamais pourtant nous ne saurons si les protagonistes feignent ou non de s'embrasser.

Ne qualifie-t-on pas de « baiser de cinéma » un baiser qui ne porte précisément pas à conséquence ? Nous voici dès lors voués à contempler, au mieux, une forme de chorégraphie comme dans le « plus long baiser de l'histoire du cinéma », celui de *Notorious*, d'Hitchcock, où Ingrid Bergman et Cary Grant s'embrassent tout en faisant autre chose (téléphoner)[1], tout en parlant d'autre chose (manger du poulet, faire la vaisselle...). Le baiser n'est pas ici l'action exclusive qui isole les amants du monde de la parole et de la représentation. Inscrit dans la continuité de la quotidienneté la plus banale, il est à la fois ce qui interrompt le fil de la conversation et ce qui la prolonge, hors de tout lyrisme et de toute sentimentalité. Hitchcock n'a jamais fait de la vérité son credo artistique et moral. Dans son cinéma, les baisers ne sont jamais filmés pour eux-mêmes. Ils ont le statut de purs MacGuffin, de purs simulacres, autour desquels cependant s'organise l'histoire.

Andy Warhol a su tirer les leçons plastiques du cinéma d'Hitchcock. Rien de narratif dans les baisers filmés de Warhol (*The Kiss*, 1963), rien de sentimental. Le baiser comme produit visuel de consommation. Le baiser de Warhol est un baiser sans histoire. Sans avant et sans après. Un baiser purement physique, hors de toute narration et hors de tout affect. Un baiser purement filmique, le grain de la peau se confondant avec le grain de la pellicule.

Le baiser nous fait croire à une profondeur. Embrasser, c'est croire qu'il est possible d'accéder à la vérité de l'autre, à son intérieur. C'est pur leurre. La leçon de l'art est à cet égard une leçon de modestie, ce qui est naturellement le comble de l'orgueil. Il sait qu'il n'y a rien au-delà des apparences, au-delà du grain de la toile, du grain de la pellicule. « La meilleure atmosphère que je puisse imaginer, écrit Warhol, c'est celle des films, parce que c'est physiquement tridimensionnel et émotionnellement bidimensionnel. »

*Les illustrations de cet article sont de Bernard Marcadé, d'après les œuvres de Bronzino (p. 152), Klimt (p. 154), Canova (p. 155), Rodin (p. 157), Picasso (p. 158).*

1. *Cf. infra* « Le jeu avec les lèvres », *p. 162.*

*Bernard Marcadé*

# Le jeu avec les lèvres

*Truffaut/Hitchcock*

*Où l'on voit que pour un acteur une scène de baiser n'est pas toujours une partie de plaisir. Loin s'en faut... (Extrait).*

*François Truffaut.* Nous n'avons pas assez parlé de l'amour dans vos films. Je crois qu'à partir de *Notorious*, on vous a considéré non seulement comme un spécialiste du suspense, mais aussi comme un spécialiste de l'amour physique au cinéma.

*Alfred Hitchcock.* Oui, il y avait un aspect physique aux scènes d'amour de *Notorious*, et vous pensez probablement à la longue scène de baiser entre Ingrid Bergman et Cary Grant...

*F.T.* Oui et je crois me souvenir que la publicité disait à propos de cette scène : « Le plus long baiser de l'histoire du cinéma... »

*A.H.* ... Évidemment, les acteurs ont détesté faire ça. Ils se sentaient terriblement mal à l'aise et ils souffraient de la façon dont ils devaient s'accrocher l'un à l'autre. J'ai dit : « Que vous soyez à l'aise ou non m'importe peu ; tout ce qui m'intéresse c'est l'effet que l'on obtiendra sur l'écran. »

*F.T.* J'imagine que les lecteurs se demanderont pourquoi les deux acteurs étaient mal à l'aise en tournant cette scène. Alors précisons que vous filmiez en gros plan leurs deux visages réunis et qu'ils avaient tout le décor à traverser. La difficulté pour eux était de marcher ainsi collés l'un à l'autre, mais cela ne vous concernait pas, car sur l'écran on ne devait voir que les deux visages. C'est bien cela ?

*A.H.* Exactement. Cette scène a été conçue pour montrer le désir qu'ils ont l'un de l'autre et il fallait éviter par-dessus tout de briser le ton, l'atmosphère dramatique. Si je les avais séparés l'un de l'autre, l'émotion aurait été perdue. Or, il y avait en effet des actions à accomplir, ils devaient marcher vers le téléphone qui sonnait, continuer à s'embrasser pendant toute la durée de la communication, puis un second déplacement les amenait jusqu'à la porte. Je sentais qu'il était essentiel pour eux de ne pas se séparer et de ne pas rompre cette étreinte ; je sentais aussi que la caméra, représentant le public, devait être admise comme une tierce personne à se joindre à cette longue embrassade. Je donnais au public le grand privilège d'embrasser Cary Grant et Ingrid Bergman ensemble. C'était une sorte de ménage à trois temporaire.

Maintenant, la volonté absolue de ne pas rompre cette émotion amoureuse m'a été inspirée par un souvenir très instructif et qui nous ramène plusieurs années auparavant, en France.

J'étais dans un train allant de Boulogne à Paris et nous traversions Étaples assez lentement. C'était un dimanche après-midi ; je voyais par la vitre une grande usine avec un bâtiment de briques rouges et, contre le mur, il y avait un jeune couple ; la fille et le garçon se tenaient bras dessus bras dessous et le garçon pissait contre le mur ; la fille n'a jamais lâché son bras ; elle regardait ce qu'il faisait, regardait le train passer, puis, de nouveau elle regardait le garçon. J'ai trouvé que c'était là, réellement, le véritable amour « au travail », le véritable amour qui « fonctionne ».

*F.T.* On s'aime, donc on ne se quitte pas.

*A.H.* Parfaitement. Je me suis toujours souvenu de cela et c'est pourquoi je savais très exactement ce que je voulais obtenir dans la scène des baisers de *Notorious.*

In *François Truffaut, Alfred Hitchcock*, Ramsay, 1983 (1re édition : 1966).

D.R.

# Vingt et quelques baisers de cinéma

*Dominique Noguez*

*Depuis le tout premier en 1896, qui suscita les vertes et vertueuses indignations de la critique, jusqu'aux gros plans interminables (de dix, vingt, trente minutes !) d'Andy Warhol, le cinéma n'a cessé de collectionner les baisers sur la bouche. Au point, écrit François Truffaut, qu'un passionné de salles noires aurait pu croire jadis qu'on donnait naissance ainsi aux enfants. Pourquoi pas, d'ailleurs ? Lèvres pour lèvres...*

***1 - Le premier baiser du cinéma.*** Le premier baiser sur la bouche au cinéma fut très probablement celui que se donnèrent la jeune et blonde Mlle May Irwin et le moustachu M. John C. Rice dans un film Edison de 1896. Le film reprenait une scène d'une pièce intitulée *The Widow Jones* (la Veuve Jones). Il provoqua, le 15 juin 1896, dans *The Chap Book* (selon Jacques Deslandes) ou le *Chicago Tribune* (selon d'autres), la verte et vertueuse indignation du critique Herbert S. Stone : « Ni l'un ni l'autre ne sont physiquement très attractifs et le spectacle [au théâtre] de leur pâturage prolongé sur les lèvres l'un de l'autre était difficile à supporter. Grandeur nature, de telles choses sont déjà bestiales. Mais ce n'est rien, comparé à ce que l'on peut voir maintenant. Élargies à des dimensions gargantuesques, et répétées trois fois de suite, elles sont absolument dégoûtantes. De telles exhibitions devraient susciter l'intervention de la police. » Le début de la vitupération laisse perplexe : quelle aurait été l'attitude du critique si les deux acteurs avaient été plus « attractifs » ? La beauté est-elle une circonstance atténuante ou aggravante ?

***2 - Fernand Léger et Robert Desnos.*** Dans « À propos du cinéma », texte paru dans la revue *Plans*, en janvier 1931, Fernand Léger écrit : « Il [le cinéma] est sexuel, avec ses belles filles et ses beaux garçons qui s'embrassent en "gros plan" avec des bouches d'un mètre cinquante et qui s'arrêtent à temps pour que, dans la salle sombre, l'imagination achève l'histoire[1]... »

Au même moment, Robert Desnos fait à maintes reprises dans ses articles de *Paris-Journal* ou du *Soir*[2] un éloge des salles obscures en ce que leur obscurité permet tout et n'en appelle pas seulement, comme ici, à l'imagination, mais aux gestes réels. En somme, demandez à votre voisine ce que vous ne trouvez pas sur l'écran !

***3 - Le baiser de la fille du président.*** Évoquant sa jeunesse dans *Portrait de l'artiste en jeune chien* (1940), Dylan Thomas se remémore le puissant effet sur un jeune homme prêt à tous les embrasements, des images cinématographiques les plus abstraites : « Pendant le documentaire qui montrait les étreintes et la poussée de semences obscènes, des plantes qui ressemblaient à des bras et à des jambes, je pensais aux femmes à un shilling et aux marins pédérastes des bouges. » Que sera-ce lorsque, « la vie de la pomme de terre [ayant pris] fin », le jeune homme sera emporté dans l'histoire figurative d'une fille de président et s'identifiera à son cavalier ! « Le rideau, éclairé de mille couleurs changeantes, se referm[a] sur son baiser, qui me laissa tout étourdi. »

***4 - Le baiser de la fin.*** Justement, à propos de ce rôle quasiment de ponctuation - point final ou points de suspension -, synonyme de la formule rituelle « ils furent heureux et eurent beaucoup d'enfants », que joue très vite le baiser de la fin dans le cinéma narratif traditionnel, certains correspondants japonais de Charlie Chaplin lui révélèrent, selon André Maurois, que pendant longtemps les spectateurs nippons n'avaient pas compris cette fonction : « Ils voyaient les Européens se lever et ils s'en allaient eux

1. Cité dans Marcel L'Herbier, *Intelligence du cinématographe*, Paris, Corrêa, 1946, p. 338.
2. Articles repris dans *Les Rayons et les Ombres - Cinéma*, édition établie et présentée par Marie-Claire Dumas, Paris, Gallimard, 1992.

aussi, mais ils croyaient que cette fuite était causée par l'impudicité de cette publique caresse[3]. »

***5 - Le baiser mis à nu par ses cinéphobes, même.*** André Suarès : « [Elle était séduite par] les sous-vedettes, ces singes célèbres, ces cabots et ces acrobates de l'écran, tous sortis de la même boîte, aussi faux dans la joie que dans la douleur, qui roulaient les pilules de glycérine de leurs pleurs, marchaient sur les toits et s'appliquaient les unes sur les autres les mutuelles ventouses de leurs lèvres[4]. »

Georges Duhamel : « ... Le robinet de musique est ouvert.

Le robinet d'images aussi. Cela continue, là-haut. Ou plutôt, cela se termine. Deux visages dont le grossissement montre le maquillage, la vaseline, la laideur, les saletés, deux visages s'approchent, lentement, et se joignent, bouche à bouche. Parker P. Pitkin se penche vers mon oreille et murmure :

- Il y a une nouvelle loi. Cela ne peut excéder sept pieds.

- Quoi ?

- Le baiser sur la bouche. Autrefois, ces baisers duraient si longtemps qu'on a fait une loi. Pas plus de sept pieds.

- Je ne comprends pas.

- Eh bien ! pas plus de deux mètres vingt, environ, sur la bande, sur le film. C'est déjà considérable. Réfléchissez.

Je ne peux pas réfléchir. Trop de bruit, trop de mouvement. Les gens entrent et sortent sans cesse. Nulle songerie n'est possible[5]. »

***6 - Code Hays et allergies.*** Le code de la pudeur concocté au début des années 30 à Hollywood par le sénateur William Hays et le jésuite Daniel Lord interdisait de fait les baisers ou les étreintes « d'une lascivité excessive ». Par ailleurs, un acteur ou une actrice n'a pas forcément d'attirance physique *réelle* pour sa ou son

---

3. Cité par André Maurois, in « La poésie du cinéma », *L'Art cinématographique*, III, Paris, Félix Alcan, 1927, p. 6.
4. Cité par Marcel L'Herbier dans *Intelligence du cinématographe*, Paris, Corrêa, 1946, p. 507 [pas de date, pas de source].
5. Georges Duhamel, *Scènes de la vie future*, Paris, Mercure de France, 1930, ch. III, « Intermède cinématographique ou le divertissement du libre citoyen », p. 54-55.

partenaire. D'où tout un jeu de ruses et de caches contradictoires : d'une part, même quand le baiser n'a pas vraiment lieu, faire croire qu'il a lieu ; d'autre part, même quand il a vraiment lieu et profondément, l'édulcorer assez pour qu'il ne soit pas « excessif ». Entre vraisemblance et litote, répulsion réelle et sensualité feinte, le baiser de cinéma est un moyen terme, une suggestion, un *symbole* (mais *pas trop* symbolique). C'est un hiéroglyphe, si l'on veut, mais pareil à ces hiéroglyphes égyptiens dont on admire le précis réalisme autant que la stylisation.

Dans un sens, c'est l'affaire du metteur en scène, du cadreur, du chef opérateur, qui joignent leurs talents pour dissimuler (position de la tête, chevelure propice, ombres diverses). Dans l'autre, c'est l'affaire des acteurs, qui ont des trucs pour sembler faire ce qu'ils ne font pas (on colle ses lèvres juste un peu au-dessus ou à côté des lèvres d'autrui). Au bout du compte, quand, après quelques secondes d'apparente succion, l'héroïne se décolle et arbore des lèvres impeccablement lisses et au rouge baiser intact, on ne sait jamais si c'est l'effet du code Hays ou de l'allergie.

On notera que ces pénombres ou cachotteries pourraient permettre l'inverse : un vrai baiser profond déguisé en baiser codifié ! On manque cruellement, sur ce point, de témoignages.

*7 - **Histoire du baiser.*** Il y a évidemment une histoire du baiser de cinéma, comme il y a une histoire des maquillages, des éclairages, des censures, mais aussi des gestes, des mœurs, de l'érotisme, et de la rencontre des uns avec les autres. Cette rencontre (du signifiant et du signifié ?) est un dosage variable de mimétisme et de codification, de rapprochement et d'éloignement de la réalité. Il n'y a pas un réalisme mais des réalismes successifs, chacun, en collant mieux ou différemment au réel, périmant le précédent en le rendant irréel et académique. Ce qui paraît réaliste en 1920 nous semble aujourd'hui grotesque, pudibond, artificiel. Les baisers d'aujourd'hui sont moins simulés, plus humides, voire très mouillés. Cependant, ils paraîtront chastes en 2050. Ou peut-être que non. Qui sait, en effet, si, la pudeur ayant recrû, ils ne paraîtront pas dégoûtants ?

***8 - Les deux baisers de la « Symphonie pastorale ».*** Dans le film qu'il tire de la *Symphonie pastorale*, Pierre Bost et Jean Aurenche signant le scénario et les dialogues, Jean Delannoy a recours à quelque chose de très cinématographique qui n'est pas chez Gide : je ne fais pas ici allusion à la présence massive de la neige, dont André Bazin a judicieusement remarqué qu'elle était un équivalent visuel du passé simple gidien, mais à deux baisers décisifs entre Jean Desailly (Jacques) et Michèle Morgan (Gertrude).

Le premier baiser est échangé peu après que Gertrude a recouvré la vue. C'est même son premier acte de « voyante ». Il y a ce visage, soudain, si près du sien, si attirant : elle se laisse aimanter. Elle ne sait pas que c'est Jacques. Le désir aveugle en quelque sorte. (Pas si aveugle : de même que pour la valse qu'elle a dansée dans une séquence précédente avec maestria et sans une hésitation, alors qu'elle était réputée encore aveugle et ne sachant pas danser, la Gertrude de Delannoy sait fort bien s'y prendre, à croire qu'elle s'est entraînée dans le noir ou qu'elle a la science des choses de la vie infuse.)

Le second baiser : Jacques s'avance, reconnu d'elle cette fois, et, faisant allusion au premier baiser, déclare : « Ce baiser n'était pas pour moi. Je viens te le rendre. » Et il l'embrasse de nouveau, le coquin.

Ainsi se cristallisera le drame, comme l'avouera Gertrude au pasteur : « J'ai embrassé Jacques, pasteur ! Quand j'ai vu Jacques, j'ai compris que ce n'était pas vous que j'aimais. Et vous m'avez empêché de l'épouser !... »

Que déduire de cet ajout ? que Delannoy est un obsédé ? Ce serait mal connaître le futur auteur de *Bernadette*, pieux film tourné à Lourdes. Simplement qu'entre 1919, date du livre, et 1946, date du film, de l'eau a coulé sous les ponts et de la salive sous les sunlights.

***9 - Baiser entre gens de même sexe.*** Le baiser (sur la bouche, s'entend) entre deux êtres de même sexe, particulièrement entre deux hommes, est loin d'être inconnu au cinéma. Il y a d'abord les baisers à la russe, chaleureux, et les baisers mafieux, refroidissants (à tous les sens du mot). Pour ce qui est des baisers à intention explicitement sensuelle ou sexuelle - et à l'exclusion du cinéma pornographique -, le premier qui fut montré entre deux hommes l'a été, sauf erreur, en 1971, dans un film anglais de John Schlesinger, *Un dimanche comme les autres (Sunday, Bloody Sunday).* Ce film conte l'histoire d'un jeune homme (Murray Head) qui consacre en alternance sa vie et ses nuits de week-end à une femme (Glenda Jackson) et à un homme (Peter Finch). Le baiser entre Head et Finch, qui montre sans équivoque les liens qui unissent les deux personnages, surprit à l'époque, car il arrive à un moment assez inattendu et il est filmé tout simplement, sans pudibonderie ni exhibitionnisme.

Quant au premier baiser entre femmes, toujours à l'exclusion du cinéma pornographique, il est bien plus ancien : c'est très probablement celui que donne, en 1930, Marlène Dietrich à une des clientes du cabaret de *Cœurs brûlés* (*Morocco*). Par lui, Josef von Sternberg voulait sans doute souligner le caractère légèrement androgyne du personnage - et du mythe féminin - qu'il avait magnifiquement fait naître dans *L'Ange bleu.*

***10 - Réinvention de l'amour.*** Une des plus belles fictions cinématographiques organisées autour d'un baiser est incontestablement le court métrage de Jean-Luc Godard intitulé *Anticipation* et figurant dans le film à sketches *Le Plus Vieux Métier du monde* (1967), aujourd'hui hélas introuvable. C'est un bel exemple de film quasi expérimental, « quasi » parce que la dimension purement plastique, prédominante dans le cinéma expérimental, est ici surdéterminée par une symbolique narrative. La scène se passe on ne sait dans quelle galaxie ni quel siècle, dans un monde, en tout cas, où, entre les sexes, n'existent plus que les gestes hygiéniques d'une pornographie sans tralala ni sentiment. Les neuf dixièmes du film sont en négatif couleur : manière de souligner l'étrangeté de ce monde de science-fiction où l'amour, l'amour d'âme à âme, chaste à l'occasion, n'existe plus. Mais voici qu'entre un voyageur interstellaire (Jacques Charrier) et une prostituée (Anna Karina), naît, à la faveur d'un baiser, quelque chose comme une divine surprise et un désir de recommencement. La couleur redevient brusquement positive : on a changé de monde, car ces deux-là, mine de rien, viennent de réinventer l'amour.

***11 - Le baiser du poisson rouge.*** Érotisme de Walt Disney : quand Pinocchio devient un vrai petit garçon, tout le monde est heureux, le joli poisson rouge à grosses lèvres très féminines saute de joie hors de l'aquarium et embrasse Pinocchio puis le chat son ennemi *sur les lèvres.*

***12 - Baisers en série (1).*** Dans *Cinéma « Paradiso »*, Giuseppe Tornatore montre un personnage de projectionniste fétichiste et collectionneur : comme cela se faisait, paraît-il, en ces temps où une douce cinéphilie tempérait la dureté des mœurs, il extrait, des copies de films qui passent entre ses mains, des échantillons de toutes les scènes de baiser et en fait un montage patient. À la fin de sa vie, il offre ce condensé de bouche-à-bouche à son petit protégé. Double synecdoque (la partie pour le tout), diraient les rhétoriciens : la bouche pour le corps, quelques photogrammes pour la scène entière.

***13 - Baisers en série (2).*** *The Kiss* de Warhol est la reprise systématique et exclusive de ce fantasme de projectionniste. Plus de prétexte, plus de sauce narrative. Pendant quelques minutes, deux êtres - peu importe l'âge ou le sexe - s'embrassent en gros plan devant la caméra 16mm de la Factory. Ces tournages eurent lieu en 1963, les premiers avec Naomi Levine, embrassée successivement par Ed Sanders, Rufus Collins et Gerard Malanga, puis avec des couples avérés ou d'occasion comme Escobar Marisol et Robert Indiana, Gerard Malanga et Mark Lancaster, John Palmer et Andrew Meyer, etc. Le Français Pierre Restany figure dans le générique, on ne sait avec qui. Du baiser de Naomi Levine et de Rufus Collins, une version de... trente minutes fut un moment disponible[6]. Stephen Koch, l'un des meilleurs auteurs qui aient écrit sur Warhol, en dit : « Sur l'écran apparaît soudain un gros plan en noir et blanc très contrasté : un homme et une femme sont - ô surprise ! - en train de s'embrasser. Leurs lèvres sont pleines, sensuelles ; leurs bouches, prises dans un mouvement de

6. *Naomi and Rufus Kiss* (16 mm, 30 minutes, muet). Voir le *Catalogue* nº 3 de la Film-Makers' Cooperative de New York, inséré dans le nº 37 de la revue *Film Culture*, New York, été 1965, p. 64.

reptation, se confondent dans une sexualité intense. Leurs langues se coulent et s'insinuent ; la femme a les yeux ouverts et regarde fixement, presque frénétiquement, les yeux fermés de l'homme, tandis que le baiser se poursuit. Et dure pendant *très* longtemps. Assis parmi les spectateurs, nous regardons, nous attendons. Vaguement excités, nous sommes surtout perplexes. Le temps de ce film n'est pas le nôtre ; il se refuse obstinément à nous. Les amants de l'écran sont ailleurs, images absorbées par les bouches qui se frottent l'une à l'autre. Privés de leur réalité tactile, nous continuons à regarder et à attendre, isolés et comme enfermés dans notre propre temporalité de voyeurs[7]. » La version complète annoncée ultérieurement dans les catalogues comprenait une douzaine de protagonistes et durait de cinquante à cinquante-huit minutes. Le cinéaste français Gérard Courant, en marge de sa série de *Cinématons*, autoportraits assistés de trois minutes environ chacun, a commencé il y a quelques années une série *Couples* qui comprend, elle aussi, quelques baisers en plan rapproché.

***14 - Synecdoque.*** La bouche : la partie pour le tout ? D'aucuns pensent, non sans bon sens, que c'est plutôt la partie pour une autre partie. Un peu comme dans le film en noir et blanc très contrasté *Aï* (Amour) de Taka Iimura, où les différents éléments de deux corps nus en très gros plan échangent énigmatiquement leurs formes. Ou comme dans le tableau *Le Viol* de Magritte, où, les deux seins jouant le rôle des yeux et le pubis celui de la bouche, un corps de femme entouré d'une chevelure paraît un visage. Ainsi, commente le cinéaste Olivier Smolders dans l'excellente *Encyclopédie du nu au cinéma*, « le cinéma aura su très vite tirer parti de cette métaphore élémentaire qui veut que la bouche d'une héroïne soit d'abord une image possible de son sexe (...) Et l'on recense aussitôt, non sans ivresse, cette prestigieuse collection de bouches négligemment offertes, de lèvres boudeuses ou délicates, sévères ou tendres, dévoreuses ou pleines de baisers[8]. » Reste à imaginer un film où la « métaphore » serait inversée, où ce ne sont pas les

7. *Hyperstar. Andy Warhol, son monde et ses films*, traduit de l'américain par Nicole Tisserand, Paris, Chêne, 1974, p. 32.
8. *Une encyclopédie du nu au cinéma*, sous la direction d'Alain Bergala, Jacques Déniel et

bouches, nez ou doigts qui auraient fonction d'évoquer les sexes, mais l'inverse.

***15 - Le baiser écran.*** À propos de synecdoque... François Truffaut écrit, dans *Les Films de ma vie* (p. 18) : « Quelqu'un qui n'aurait connu la vie que par le cinéma aurait pu croire sincèrement qu'on donnait la naissance aux enfants en s'embrassant sur les lèvres, et encore : bouches fermées. » Il est vrai que Truffaut parle ici de l'époque où il était critique, c'est-à-dire dans les années 50. « Tout cela a bien changé aujourd'hui, ajoute-t-il aussitôt. Non seulement le cinéma en quinze ans a rattrapé son retard sur la vie mais encore nous donne-t-il parfois l'impression de l'avoir devancée. » Et de parler d'expiation et de dette à l'égard de « soixante ans de mensonge cinématographique sur les choses de l'amour ». Le baiser à l'écran comme baiser écran.

***16 - Triomphe de La Rochefoucauld.*** Expérience inverse et confirmation du larochefoucaldien « Il y a des gens qui n'auraient jamais été amoureux s'ils n'avaient jamais entendu parler d'amour » dans *Bienvenue, Mister Chance (Being there)* d'Hal Ashby. Peter Sellers (Chancy Gardener), grand naïf intoxiqué de télévision depuis son plus jeune âge, ne peut embrasser Ève, qui s'offre à lui, que parce qu'il est en train de voir, en même temps, sur le petit écran, comme un modèle providentiel, deux personnages qui s'embrassent en gros plan.

***17 - Réalité et fiction.*** Dans l'admirable montage par Alain Fleischer des rushes de *La Partie de campagne* de Jean Renoir, deux surprises : 1) La longue série de baisers sur la bouche en très gros plan, tournés à la suite l'un de l'autre comme en un marathon obscène, entre Georges Darnoux (Henri) et Sylvia Bataille (Henriette). Qu'en reste-t-il dans le film ? Je ne sais plus. Presque rien, sans doute. 2) À la fin de la scène en plan très rapproché où elle commence par le repousser, et la caméra continuant à tourner à

---

Patrick Leboutte, Liège, Dunkerque et Paris, Yellow Now, MJC de Dunkerque et Studio 43, 1994, p. 60.

leur insu, les deux acteurs, redevenus eux-mêmes, par jeu ou vrai désir, se roulent une longue pelle.

***18 - Malheur aux jaloux !*** Ici, au rayon des interférences de la réalité avec la fiction, devrait prendre place quelque récit de tournage où une jeune actrice ou un jeune acteur sont accompagnés sur le plateau par leur conjoint enamouré. Jalousie dudit ou de ladite. Difficulté du metteur en scène à obtenir un gros plan de baiser. Drames en filigrane et en puissance. On m'a signalé une situation de ce genre pendant le tournage en 1972 du très beau *Paulina 1880* de Jean-Louis Bertucelli, d'après Pierre Jean Jouve, avec la jeune et belle actrice d'origine grecque qui jouait le rôle-titre.

Ou bien pourrait figurer un témoignage sur les liaisons entre acteurs qui se sont scellées au cours d'une scène de baiser.

***19 - « J'embrasse pas ».*** Le titre du film d'André Téchiné comme emblème de la mauvaise foi (au sens sartrien) de ceux ou de celles qui se prostituent. Le ventre, oui ; le bas-ventre, oui ; les fesses, oui ; mais pas la bouche. Un psychanalyste lacanien - je veux dire prenant une particulière volupté à dire les choses salement - tirerait ainsi la leçon implicite de ce petit jeu d'autoduperie : « Cause à mon cul, ma tête n'est pas à toi ! »

***20 - Transparence et opacité.*** Dans je ne sais plus quel assez récent film de Godard, on voit un personnage (qu'un autre va embrasser) la bouche couverte d'un mouchoir blanc protecteur. Comble du puritanisme. L'inverse (mais n'est-ce pas en réalité la même chose ?) serait ce film expérimental que j'ai vu (ou rêvé) dans les années 70 : un baiser filmé aux rayons X. En noir et blanc négatif, énormes, agitées d'une vie de poulpe ou de cétacé, d'un flux de fleuve en crue, les luettes, les langues, les salives.

# 4. *Tendres, cruels, inattendus*

*Le baiser, on le sait, a conclu un pacte avec le silence. Pourtant il ne serait pas si troublant s'il ne sortait de ces mêmes lèvres d'où jaillissent aussi les paroles, s'il n'était - comme les mots - œuvre de langue, œuvre de chair. Jumeaux que tout sépare et tout réunit. Voilà pourquoi peut-être, tendres, féroces, nostalgiques ou amères, les histoires d'amour ne parlent que de baisers !*

*Mon amour, as-tu soif ? Je suis femme à tes lèvres plus neuve que la soif. Et mon visage entre tes mains comme aux mains fraîches du naufrage, ah ! qu'il te soit dans la nuit chaude fraîcheur d'amande et saveur d'aube, et connaissance première du fruit sur la rive étrangère.*

Saint-John Perse, *Amers*, « Étroits sont les vaisseaux ».

# « Besame mucho »

*Jean-Marie Bretagne*

*Et si le premier chanteur avait été un amoureux éconduit ? Si les mots roulant dans sa bouche avaient figuré le fantôme du baiser qu'on lui refusait ? Ces mots qui portent encore sur leur circonférence la trace des dents qui les ont mordus, des langues qui les ont longés, des haleines qui les ont parfumés...*

*Pour Nathalie*

Besame, besame mucho...
Juste un baiser, le dernier
Comme un adieu muet
Christophe, *Clichés d'amour*

Un jour, songeant à une amoureuse exilée au-delà des mers, je posai un baiser sur la paume de ma main et soufflai dessus... Hélas, une brise passant sur l'avenue me le renvoya au visage ; et dès son retour, la jeune fille me quitta, en me reprochant ma froideur. Il faudrait pouvoir calculer les vents, jouer avec les pressions atmosphériques, connaître précisément les rivières invisibles qui traversent le ciel pour envoyer ainsi, de manière certaine, son souffle à la personne élue. À la vérité, c'est impossible et, même à trois mètres de distance, en expirant de toutes ses forces, ces baisers volatils ne procurent aucun émoi, ni à celui qui les adresse ni à celle qui les reçoit. Peut-être les amants cosmonautes sont-ils les seuls à pouvoir en goûter la saveur.

J'ai cru, aussi, à ceux dont on parsème le bas des lettres. Il faut, cependant, indiquer précisément le point d'impact, par une croix, afin d'éviter à la destinatrice l'humiliation de bécoter ardemment un bout de papier stérile. La technique, dès lors, est fiable, mais rapidement décevante, car les étreintes qu'elle permet ont quelque chose d'administratif. On coche, on pose ses lèvres, on humecte les bords de l'enveloppe, puis le timbre ; et on attend la réciproque, sous huitaine. Beaucoup de bave pour peu d'émotion...

Il faudrait donc renoncer, une bonne fois pour toutes, à partager des baisers à distance ? C'est trop triste et nul ne veut s'y résoudre. Voyez comme nous hésitons à qualifier les étreintes dans notre courrier : entre le « très fort », le « tendrement », le « de tout mon cœur », le choix est douloureux, il nous semble crucial. À l'inverse, à part quelques poètes qui ne veulent rien faire comme les autres, on n'adresse pas, dans les lettres, de caresses ni de fornications ; et ce pour des raisons de vraisemblance évidentes. Un « je te fais l'amour » venu de Prague ou des États-Unis peut nous arracher un sourire flatté, voire un instant de trouble, mais la déception suit bien vite. Au contraire, même si ce n'est guère plus plausible, nous voulons croire que les embrassades franchissent bel et bien les douanes, sans quoi leur expression nous comblerait, de la même manière, de regrets. Sur tous les continents on s'embrasse ainsi sans s'embrasser. Cette lubie est universelle ; seuls y échappent prêtres et couventines qui, pour ne pas offrir leurs lèvres à des chimères, mâchonnent des psaumes à longueur de journée.

Il y a aussi les bécots grésillants qu'on applique contre la grille du combiné, ceux qui sont prêts à l'emploi, imprimés, en millions d'exemplaires sur des cartes postales (« *kisses from* »...) et désormais ceux qui étincellent sur les écrans Minitel ou Internet. Autant de pierres à sucer, qui étanchent tant bien que mal notre soif de baisers.

Les chansons sont aussi là pour ça. J'en ai eu, récemment, une confirmation saugrenue. Mon fils, qui va sur ses deux ans, possède un tempérament fougueux et des manières de soudard. Il a pris l'habitude de poser ses menottes sur mes joues et de tourner brutalement mon visage vers le sien. Puis, après m'avoir longuement contemplé, dans un silence lourd, il colle ses lèvres contre les miennes... Cette façon de me traiter comme une fille facile me déstabilise ; aussi lui ai-je demandé d'y renoncer. Peine perdue. Il a essayé de s'en tenir aux bises rituelles, sur les deux joues, mais bientôt ses mains se cramponnaient contre mon crâne. Afin de se raisonner, il répétait « pas la louche, pas la louche » (entendez :

« pas la bouche ») mais les mots, ne faisant qu'exaspérer son désir, se transformaient alors en un murmure rauque...

La mélodie ramena, entre nous, un peu de bienséance. Un soir qu'il répétait la formule séductrice, « pas la louche », les syllabes se mirent à se moduler dans sa gorge. L'interdiction, qui l'excitait tant, ondula bientôt sur deux puis trois tons. Charmé, il libéra mon visage et chantonna gaiement en traversant la pièce : ses lèvres avaient trouvé, en inventant cette rengaine, un heureux dérivatif.

Il se peut, pensai-je alors, que l'art de la chanson ait été créé jadis par un amoureux éconduit, et que les mots roulant dans sa bouche aient figuré le fantôme du baiser qu'on lui refusait.

Tachycardie, affaissement des paupières, agitation labiale : voyez comme les symptômes de la chanson ressemblent à ceux du baiser ! Il arrive même qu'en fredonnant on tende les bras, en proie à une invisible étreinte...

Ne dit-on pas communément qu'une chanson flotte sur toutes les lèvres ? Est-il interdit de songer que les mots, ainsi chantonnés, conservent sur leur circonférence la trace des dents qui les ont mordus, des langues qui les ont longés, des haleines qui les ont parfumés ? De sorte que cent mille personnes vous embrassent, lorsque vous les fredonnez après elles...

En vertu de cette règle, les chansons à boire, qu'on partage à la fin des banquets, en virile compagnie, me donnent la nausée. Leurs paroles lestes n'en sont pas la cause, j'en ai lu d'autres ; ce sont leurs interprètes qui leur confèrent ce goût écœurant de vin, d'ail et de moustache. À l'inverse, rien ne m'est plus sensuel que de voir une jolie fille chanter un refrain dont j'ai été, auparavant, le dépositaire. Il reviendra ensuite entre mes lèvres, avec une saveur écarlate et charnue.

Tout au long de ma jeunesse, sans me le formuler clairement, j'ai partagé ainsi des flirts chansonniers. J'embrassais peu, mais connaissais par cœur des centaines de mélodies que je prêtais, sur disque, aux fiancées si désirables de mes meilleurs amis. J'en recueillais les fruits lorsqu'elles chantonnaient en ma compagnie, par-dessus leurs épaules, les couplets infidèles...

Je n'ai pas toujours eu, dans ces idylles musicales, le beau rôle !

Une nuit, dans ma chambre, je babillais tendrement avec une amoureuse blonde. Les draps, tirés au-dessus de nos têtes, nous protégeaient des posters haineux dont j'avais tapissé ma chambre. La vie me souriait, avant de me rire au nez... Car, soudain, une chanson s'échappant du pick-up attira l'attention de la belle. Comme je la connaissais, moi aussi, par cœur, je voulus partager son gazouillis, mais elle m'arrêta avec une moue agacée. Elle voulait goûter seule les paroles ; seule avec quelque tendre souvenir. Oh, comme ses lèvres brillaient, tout à coup, et comme son souffle habillait tendrement les paroles ! Et j'imaginais, dans quelque chambrette parisienne, un imbécile aux yeux mi-clos avalant goulûment leur écho... Mon calvaire prit fin au bout de trois minutes. Protégé par le silence, qui montait désormais la garde comme un géant eunuque, je dévorai sa bouche, pour la laver de la mélodie insidieuse. L'amant du passé débarrassa enfin son regard. Cependant, au matin, alors même que je tendais les bras vers elle, la tourterelle se dégagea et me demanda, doigt pointé sur la pochette du disque :

- Tu me le prêtes ?

Il m'est venu, à la suite de cette aventure cruelle, une idée plaisante. On se goberge souvent dans le souvenir d'une chanson sur laquelle on a échangé un premier baiser. Elle couronnait l'amour, songe-t-on en soupirant. Mensonge ! Imposture ! La mélodie qui passe, derrière les dos du couple épris, figure, au contraire, la tentation d'autres aventures. À l'instant où leurs bouches se fondent en une chapelle obscure, le chanteur leur parle du temps où leurs lèvres étaient lumineuses, disponibles à tous les refrains, libres de s'agiter sans rendre le moindre compte.

En somme, le baiser est une ascèse et la chanson un vagabondage. Cet antagonisme se retrouve dans la façon dont la seconde évoque le premier. Quoi qu'elle fasse, la chanson rate fatalement l'instant de l'étreinte. Mouloudji et Trenet évoquent des « baisers volés[1] ». Françoise Hardy leur répond, en écho :

1. Le premier dans *Il suffit d'une main*, le second dans *Que reste-t-il de nos amours ?*

Johnny Walker est dans nos verres
Et j'ai envie d'être embrassée[2]

Entre l'espoir et l'esquive, la mélodie furète, flirte, séduit, mais en pure perte ; car là où elle est, le baiser ne viendra pas. Comment embrasser quand on a :

Ce long murmure, cet air langoureux
Sur les lèvres[3]

Oh, comme la chanson envie, parfois, ce double charnel, accompli et ivre de silence qu'est le baiser ! Écoutez Trenet quand il évoque ceux

Que l'on prend,
Que l'on donne en même temps,
Au milieu de la fête des amants...[4]

On dirait qu'il assiste à une coutume vaudoue, car avec quelle précision ethnologique la décrit-il ! On pourrait dire qu'il s'efforce de traduire le baiser dans une langue étrangère, celle de la chanson.

Malédiction des paroles qui encombrent la bouche et condamnent à la solitude le souffle du chanteur. Avec un refrain, on conquiert tous les cœurs, mais sans en étreindre un seul ; on charme d'innombrables lèvres, mais, dans le même temps, on s'interdit de les rejoindre. Bien des chansons, ainsi, racontent derrière le paravent de leurs couplets la nostalgie de l'étreinte. « Vous qui passez sans me voir[5]... » et que je ne peux retenir d'un baiser, puisque je suis en train de chanter ! Lou Reed résume parfaitement, dans un texte nommé *Lisa says*, la solitude des amants fredonneurs. Imaginez-les, assis côte à côte sur un banc (pas celui de Brassens, où les amoureux se bécotent pour de vrai). Ils sont prisonniers, l'un et l'autre, de leurs couplets. D'une voix coléreuse, la jeune fille chante :

2. *Et voilà*, écrite et chantée par Françoise Hardy.
3. *Une chanson à la Cole*, écrite et chantée par Enzo Enzo.
4. *Paris au mois d'avril*, écrite et chantée par Charles Trenet.
5. *Vous qui passez sans me voir*, écrite et chantée par Charles Trenet.

*On a night like this*
*It'd be so nice*
*If you gave me a great big kiss*

Sur un ton plus résigné, le garçon lui chantonne en retour :

*Why*
*Am I*
*So shy ?*
*Jesus, you know, because good good times*
*They just seem to pass me by*[6]

Et c'est bien la chanson elle-même qui les tient, ainsi, à distance, qui sépare leurs lèvres, glissant entre elles la mélodie.

À la manière d'un aimant inversé, la chanson est un baiser qui repousse les bouches au lieu de les unir. Pourquoi ? Peut-être parce que la chanson s'aime trop pour se dissoudre, se laisser emprisonner. Elle est un baiser qui aurait pris corps, qui existerait à l'insu des amants et ne cesserait de s'embrasser tout seul, dans la délicieuse métamorphose des mots et des notes. Chante-moi, chante-moi, tu embrasseras plus tard, nous suggère-t-elle ; et nous lui prêtons nos lèvres, où elle s'enroule et se déroule, sans partage, avant de s'enfuir dans un « la... la... la... » moqueur.

6. « Par une nuit pareille, ce serait chouette que tu me donnes un baiser super-géant »... « Pourquoi suis-je si timide ? Mon Dieu, quand un moment agréable se présente, je passe toujours au travers. » *Lisa says*, écrite et chantée par Lou Reed.

*Jean-Marie Bretagne*

# L'ogre amoureux

*René Louis*

*Ce printemps-là, en lisant des histoires de vampires, monsieur L'Ogre sentait l'eau lui venir à la bouche. Entre les succubes, les goules, les lamies et autres Draculas, la tête commençait à lui tourner. Est-ce pour cela que, dérogeant à ses habitudes, il avait pour une fois délaissé les bambins et jeté son dévolu sur une jeune fille... belle à croquer ?*

> Me repaître de vous, gente demoiselle ! Ô joie ! Mais baisers vôtres morsures à moi semblent...
>
> Étienne Jodelle (1532-1573)

Monsieur L'Ogre ne détestait rien tant que la concurrence déloyale, et il se méfiait. Pour avoir vu des films d'horreur (et, très tôt, *Nosferatu le Vampire*, de Murnau, 1922), il savait certes ce qu'était un vampire : un mort qui sortait de sa tombe la nuit afin de venir tourmenter les vivants, leur sucer le sang à la gorge, et parfois leur serrer le cou comme pour les étrangler. Le vampire apparaissait une cape sur les épaules, les yeux injectés de sang, avec des longues canines, dans du linge empesé et un costume noir très propres bien qu'un brin démodés. Tous les Draculas du monde étaient de surcroît d'une force herculéenne puisqu'ils pouvaient soulever la lourde dalle de leur tombeau. À quoi reconnaissait-on cependant un vampire ? (Monsieur L'Ogre, qui ne ménageait pas sa peine, s'était dûment documenté.) À ce qu'il avait, le jour, dans son cercueil, les yeux ouverts, le teint frais, les membres souples, le sang fluide, les ongles et les cheveux exagérément longs. L'un des moyens les plus connus pour lui faire cesser ses excursions nocturnes était de lui planter bien fort un pieu dans le cœur... Mais on pouvait aussi lui tirer dans la tête une balle d'argent gravée d'une croix, lui couper le cou, le découper en morceaux, que l'on prendrait soin de brûler. On se protégeait de ses exactions en portant des fleurs d'ail (et non des gousses, comme le fait croire le cinéma), des crucifix de bois, des fers à cheval, en mâchant un peu de la terre de son tombeau ou en léchant un peu du sang qu'il avait sucé : tous remèdes homéopathiques à l'efficacité éprouvée... La seule trace qu'il laissait sur ses victimes était une petite tache rouge ou bleuâtre au cou, sur la veine jugulaire, assez semblable à la morsure d'une sangsue. Il fallait savoir qu'il ne respectait rien ni personne : pas plus ses proches que ses ennemis.

Il existait bien une explication scientifique du phénomène. Son origine animale ? Pour les zoologistes, le vampire était une grande chauve-souris d'Amérique tropicale, de quatre-vingts centimètres environ d'envergure, en général insectivore, mais pouvant à l'occasion mordre, sans grand dommage, des mammifères endormis et absorber une quantité négligeable de leur sang. Plus probante était l'hypothèse selon laquelle la croyance aux vampires était due au fait qu'on avait parfois, dans le passé, inhumé trop précipitamment de prétendus défunts qui se trouvaient en vérité dans un état de mort apparente : catalepsie, léthargie, coma, par exemple. Il y avait des cas où il importait de rapporter le phénomène à la conservation, peu ordinaire mais non surnaturelle, de cadavres qui avaient gardé les apparences de la vie. Dans *Le sang peut-il vaincre la mort ?*, le docteur Hubert Larcher, qui était le médecin de monsieur L'Ogre, citait de nombreux exemples de trépassés dont le sang était resté liquide. Là, toutefois, n'était pas la question. Elle résidait bien plutôt dans l'imaginaire des peuples.

Le thème vampirique s'était installé très tôt dans l'histoire. À cela rien d'étonnant, puisque le culte associé à la mort, au sexe, au sang jouait - Barrès l'avait bien vu - un rôle prééminent dans toutes les mythologies. On avait toujours craint, par exemple, la colère des défunts, qui reviendraient à la vie pour se venger ou demander leur dû. Le panthéon assyrien recelait des démons suceurs de sang, dont l'effroyable Lilith. Les Grecs soupçonnaient les morts, dans les Enfers, de vouloir « pomper » le fluide vital des vivants. On conjurait, à Rome, la malfaisance des lamies, qui, entre autres forfaits peu ragoûtants, dévoraient les fœtus. (Monsieur

L'Ogre, au reste, lut que le besoin de sang ou de chair fraîche faisait référence à la sexualisation, que l'on retrouve dans la psychanalyse, du désir de mort.) Perpétuellement en quête de sang humain, telle était la goule, que l'on identifiait parfois à une sorte de vampire femelle. D'où le propos d'André Gide au sujet des idées dans *Paludes* : « Elles ressemblent à ces goules de nuit qui s'installent sur vos épaules, se nourrissent de vous et pèsent d'autant plus qu'elles vous ont rendu plus faible. » Venus du paganisme, les démons incubes (mâles) et succubes (femelles) se donnaient la part un peu trop belle au gré des Pères de l'Église... Plus près de nous, dans la Valachie du XVe siècle, alors sous domination ottomane, vivait un voïvode (prince) connu sous le nom de Vlad Dracul - *dracul* signifiant « dragon », « démon » ou « vampire » dans la langue du pays. Or, le *dracul* était l'emblème du prince. De sorte que, lorsque lui naquit un héritier en 1430, ce dernier reçut le titre de *dracula.* Enthousiasmé par ce qu'il apprenait, monsieur L'Ogre poursuivit ses recherches avec passion.

Celui qu'on intronisa sous le nom de Vlad IV Dracula connut une enfance pénible. Il assista au meurtre de son père et au supplice de son frère aîné, enterré vivant. Lui-même fut enfermé par les Turcs dans une forteresse. Libéré, il lutta contre l'envahisseur pour donner leur indépendance à trois provinces roumaines : non seulement la sienne, mais également la Moldavie et la Transylvanie. Il se montra un chef de guerre redouté et particulièrement valeureux. Malgré son héroïsme, cependant, il fut vaincu en 1462 et se réfugia en Hongrie, où il fut de nouveau emprisonné pour des raisons politiques jusqu'en 1473. Pendant son règne relativement court (une dizaine d'années), il ne fit pas moins que brûler, écorcher vifs ou empaler de 50 000 à 100 000 opposants, qu'ils fussent Roumains ou Turcs. L'empalement, et non (notons-le) le vampirisme, était de loin sa méthode privilégiée de mise à mort. Il raffina à ce point dans le sadisme qu'il recommandait de graisser et d'émousser les pieux pour que les souffrances du supplicié durassent plus longtemps. Des émissaires turcs ne s'étant pas découverts devant lui, il ordonna que leur fez leur fût cloué sur le crâne ! Il enferma un autre jour, en leur promettant un banquet, un grand nombre de pauvres et de grabataires dans une vaste salle et... il y mit le feu. La légende s'empara de lui, non comme scélérat, mais comme vampire, notamment grâce au cinéma (*Dracula*, T. Browning, 1931 ; *Dracula*, T. Fisher, 1958 ; *The Satanic Rites of Dracula*, A. Gilson, 1973 ; etc.). Fait curieux : en 1931, lorsqu'on ouvrit sa tombe, on la trouva vide.

Piqué par la curiosité, monsieur L'Ogre creusa la question ; il fréquenta la Bibliothèque nationale. Vampire à sa façon, la belle Transylvanienne Elisabeth Bathory (1560-1614), surnommée la « comtesse sanglante », fit, dit-on, assassiner des centaines de femmes afin de boire leur sang et de s'y baigner. Elle ne trouvait rien de mieux pour sauvegarder sa beauté du ravage des ans. Quant à Louis XI et au pape Innocent VIII, qui prirent eux aussi des bains de sang, sans toutefois sacrifier leurs victimes, ils y cherchaient la force indispensable à leur mission. Le cas de Gilles de Rais (1404-1440) était quelque peu différent : sataniste confirmé, il buvait parfois le sang des enfants qu'il exécutait après les avoir sodomisés. Le mage noir britannique Aleister Crowley n'aimait rien tant que mordre à la gorge les femmes qu'il embrassait...

Mais c'est autour des années 1730 que le vampirisme prit sa signification moderne. Partie de Grèce, une véritable épidémie envahit l'Europe centrale, la Turquie et même la Lorraine. La profanation des sépultures y devint monnaie courante. On déterrait les cadavres pour les empaler et les brûler tant on avait peur. Ce singulier engouement alarma le bénédictin Dom Augustin Calmet, Voltaire (*Dictionnaire philosophique*, 1764), Jean-Jacques Rousseau lui-même. « S'il y eut jamais au monde une histoire garantie et prouvée, écrivait celui-ci ironiquement, c'est celle des vampires. Rien n'y manque : rapports officiels, témoignages de personnes de qualité, de chirurgiens, de prêtres, de juges. L'évidence est complète. » En 1741, cette épidémie cessa aussi brusquement qu'elle avait commencé, mais elle marqua durablement, à des titres divers, de la fin du XVIII$^e$ à celle du XIX$^e$ siècle, beaucoup d'hommes de lettres qui y trouvèrent leur inspiration : Bürger, avec *Lénore* (1773) ; Sade, avec *Juliette* (1797) ; Goethe, avec *La Fiancée de Corinthe* (1797) ; Southey, avec *Thabala le Destructeur* (1801) ; Byron, avec *Le Giamour* (1813) et *Le Vampire* (1819) ; Mary Shelley, avec *Frankenstein* (1818) ; Théophile Gautier, avec *La Morte amoureuse* (1826) ; Baudelaire, avec « Le Vampire » (1855) des *Fleurs du mal.* Sans oublier Lewis, Nodier, Polidori, Hugo, Mérimée et surtout Bram Stoker, avec son roman *Dracula* (1897). Le thème était abondamment illustré au XXe siècle, avec notamment Montague Summers, Prest, etc. Jusqu'à ce qu'il fît, on l'a dit, les beaux jours de la bande dessinée et du cinéma : ainsi, sur le mode de la dérision, *Le Bal des vampires,* de Polanski. Cependant qu'il apparaissait modestement dans la peinture, avec Füssli ? ce serait peu... davantage avec Edvard Munch *(Le Vampire).* Il fascina les foules, à un point tel que l'on avait surnommé, entre autres, le tueur sanguinaire Peter Kürten, le « vampire de Düsseldorf »...

Quel était le statut du vampire ? se demanda monsieur L'Ogre, de plus en plus intéressé (malgré la faim qui le tenaillait) par un sujet qui jusqu'alors lui était complètement étranger. Comment le devenait-on ? Mort, il l'était certainement, c'était néanmoins un mort qui vivait en parasite. Montague Summers le considérait à juste titre comme une anomalie, un « androgyne dans le monde des revenants », un « paria parmi les monstres ». « Généralement maigre, très poilu et muni de dents acérées » (Julien Tondriau et Roland Villeneuve) lorsqu'il était à l'état de repos, le vampire « devenait, une fois repu, gras à éclater, et le sang de ses victimes lui sortait de la bouche, du nez et des oreilles. » Dans nombre de folklores, il s'apparentait au loup-garou, aux possédés. Les sorciers, les excommuniés, ceux qui s'étaient suicidés risquaient de devenir vampires, ainsi que celles et ceux qui en avaient été mordus... Il entrait dans tout cela une bonne part de nécrophilie, bien sûr, mais plus encore une certaine propension au cannibalisme. Cette caractéristique faisait jubiler monsieur L'Ogre, à qui l'eau venait à la bouche. Tout se passait cependant, songeait-il, comme si, d'une part, chacun d'entre les humains avait, vissée au ventre, la crainte d'être enterré vivant, et, d'autre part, la peur qu'en s'insinuant dans son cœur l'Autre (l'aimé/e) n'exploitât et n'épuisât son énergie.

En bon pédagogue, monsieur L'Ogre n'aimait rien tant, on l'aura compris, que la jeunesse. Il enseignait les statistiques dans l'une des universités de Paris. Tardif cette année-là, le printemps se décidait enfin. Et même on eût dit qu'il s'ingéniait à mettre les bouchées doubles pour convaincre les étudiants que c'en était bien fini, de la saison morte et du glacis des sens. Les arbres se couvraient de fleurs. Le verdict des admissibilités tomberait d'ici peu. Depuis le début de l'année, monsieur L'Ogre avait, par exception, jeté son dévolu sur une très jeune fille faite à ravir, prénommée Cécile. Elle était belle à croquer et il n'aurait eu aucun mal à la circonvenir car il n'ignorait pas que, outre le fait que l'auréolait sa position de détenteur du Savoir, il ne suffisait que de faire rire les tourterelles. Mais il était un homme à principes, il s'abstenait tant qu'il n'avait pas terminé ses cours, et peut-être (il n'en savait trop rien) se gardait-il sa protégée pour la bonne bouche. Il s'était donné le rôle, cousu de fil blanc, de répétiteur bénévole. Cécile, toutefois, n'avait plus le temps de revoir tout le programme et, de plus, elle était non seulement une excellente élève mais bien plutôt, si ceci peut se dire au féminin, une jeune louve aux dents longues. (Rien qu'à penser à elle, monsieur L'Ogre ne pouvait, dans l'admiration qu'il lui portait, se défendre, parfois, de quelque inquiétude.) Foin donc de tout casse-tête. Il avait persuadé la jeune fille de se la couler douce. Si tous les étudiants, certes, ne se faufilaient pas comme des voleurs dans la pénombre des églises pour y rafraîchir un front brûlant et allumer un cierge, beaucoup d'entre eux se livraient quand même à d'intenses supputations sur leurs chances d'être reçus à l'écrit. Quelques-uns allaient jusqu'à anticiper la décision du jury en essayant d'imaginer quelles seraient les questions de cours que le hasard, à l'heure fatidique, ou le petit jeu cruel des examinateurs leur imposeraient de restituer dans le détail. Les pronostics allaient bon train. Que n'étaient-ils devins ! Ils ouvraient au petit bonheur la chance leurs manuels et consultaient non sans une certaine fébrilité la page ou le chapitre ainsi révélés... Ce qui n'était pas pour les rassurer sur la profondeur et sur l'étendue de leurs connaissances. Ces coups de sonde successifs ne faisaient que mettre en évidence des lacunes dont ils n'avaient pas auparavant soupçonné l'existence. Le bachotage qui s'ensuivait ruinait pièce à pièce le fragile édifice d'un savoir trop récent. Ils se fatiguaient en pure perte.

La peur de l'échec, l'insidieuse fascination que parfois il exerce (diraient les psychologues), ne conduisaient pas Cécile, bondieuseries et superstitions mêlées, à des comportements puérils, et monsieur L'Ogre lui savait gré de ne pas avoir oublié toute vergogne. Il en augurait un terrain d'entente affermi, la permission peut-être de relations plus sensibles. Si, de son côté, elle n'avait été que trop sage (monsieur L'Ogre ne lui connaissait pas d'ami), la raison n'en était-elle pas sa condition de bête à concours ? À peine avait-il avancé cette hypothèse qu'il se reprenait. Belle excuse, en vérité ! Spécieux argument ! Jusqu'alors, il n'avait satisfait son penchant qu'avec des bambins et la psychologie amoureuse des jeunes filles le déroutait. Cécile n'avait-elle pas préféré, dans leurs relations, les anguleux genoux de la muse Mathématiques à de plus délicieux loisirs ? Si monsieur L'Ogre et elle étaient devenus quasi inséparables, était-ce tout bonnement pour avoir devisé des amours contingentes et des amours nécessaires, si chères à Jean-Paul Sartre et à Simone de Beauvoir ?

Mais il y avait à son avis plus grave. La faim de monsieur L'Ogre se rappelait à lui, de plus en plus tenace, et il ne pouvait plus se le cacher maintenant que les cours affichaient relâche, et que, s'il ne prenait pas les choses en main, ils allaient devoir se quitter. Le fait est qu'il avait été trop incertain (et il le restait malgré tout) de son appétence, du sentiment que Cécile lui portait, de la place qu'il occupait dans ses rêveries pour entreprendre quoi que ce fût qui fût de nature à émouvoir sa chair. En amour, en effet, monsieur L'Ogre tenait à la réciprocité - encore que jusqu'à un certain point. Il se reprochait aussi ses comportements à l'égard de Cécile comme autant d'offenses pour avoir été si peu offensif. Il ne cessait de se demander si, vraiment, la situation où l'avait mis son peu de perspicacité était réparable. Car, désormais, il reconnaissait à de nombreux signes qui lui revenaient à la mémoire que l'affection que Cécile lui vouait n'était pas de simple camaraderie. Paroles, regards, gestes esquissés... Cela cependant suffisait-il ? S'il s'en rapportait à une infinité de petits faits peu suspects d'interprétation tendancieuse, nul doute que tout dans l'attitude de la jeune fille signalait à tout le moins une préférence pour sa personne. Au reste, il n'était pas pour elle le confident asexué sur l'épaule duquel on répand des larmes pour se consoler de chagrins d'amour idiots. Si tant est qu'ils ne le soient pas tous !...

Un soir, comme à son habitude, monsieur L'Ogre raccompagna

Cécile jusqu'à la porte de son immeuble. En l'absence de ses parents, elle l'invita à monter dans sa chambre. Elle mit aussitôt un disque, binious et bombardes, du folklore breton assurément, pour lequel il ne lui savait pas d'inclination marquée. Assis à cru sur le parquet, il en feuilletait d'un doigt plus que distrait l'album, tout en la regardant aller et venir dans la chambre, tirer deux verres d'un placard, les disposer sur un plateau... Et elle en avait profité entre-temps pour disparaître et passer une autre robe.

À cette époque déjà, la mode et la diététique dessinaient les femmes absurdement filiformes dans le genre « mannequin » : peu de poitrine, des hanches, des fesses d'éphèbe et de longues jambes de faon. Son corps à elle rompait au contraire, pour le plaisir des yeux, avec les conformismes en cours. De l'adolescence toute proche, elle avait gardé dans son modelé les charmes éphémères, en s'ajoutant les apports d'une féminité qui l'épanouissait sans l'alourdir. Cela, bien sûr, Cécile ne l'ignorait pas. S'en serait-elle peu préoccupée, l'attitude des hommes dans la rue, quoique réservée, ou même l'attention que lui portaient ses professeurs masculins l'en auraient instruite. Mais, si elle aimait assez son corps pour ne le plier à aucun régime, elle n'en tirait pas coquetterie. Pourquoi, alors, cet élégant négligé ? Était-ce la saison seule, et cette fin d'après-midi-là, la clémence de l'air qui l'avaient engagée à revêtir une (fort légère) robe de coton blanc ? Cette sorte de blouse, nouée bien au-dessus de la taille par un simple cordon, dans le style Directoire, la révélait bien mieux que n'eût fait n'importe quoi d'autre, grâce à ce qui s'y laissait deviner. Stratégie vestimentaire, certes, et savante, mais qui restait en son fond tellement ingénue que le pauvre monsieur L'Ogre ne savait que penser. La volonté de le séduire avait-elle dicté à la jeune fille sa conduite ? Il avait néanmoins de bonnes raisons de croire que Cécile n'éprouvait qu'indifférence pour ce genre de stratagème, dont elle devait bien sentir la fatuité. Cela ne cadrait pas avec son personnage. Le vrai, arguait-il, c'est qu'il y avait en elle du jeune animal qui prend son plaisir de la sensation la plus simple. De même qu'elle pouvait se délecter d'un œuf à la coque ou d'un sandwich aux rillettes, de même elle était aise de se livrer toute au bonheur d'être belle, libre et nue, dans une robe dont l'étoffe, un rien rêche, à chaque mouvement lui faisait prendre conscience de l'existence plénière de son corps. Dans un cas comme dans l'autre, monsieur L'Ogre se plaisait à penser que Cécile ne donnait pas dans quelque apologie du naturel, qu'elle ne pensait pas devoir légitimer ses actes par l'urgence d'un frisson jusqu'alors inconnu. Les déterminations de cette sorte, dans les rets desquelles si facilement on se laisse prendre, elle les éludait comme en se jouant. L'occasion chez elle ne faisait jamais le larron. Que l'on comprenne monsieur L'Ogre quand il s'avouait qu'il lui en venait, tout ensemble, agrément et dépit.

Il pataugeait dans ces sentiments-là lorsque la jeune fille le rejoignit sur le sol, les verres devant eux posés sur le plateau. Ils étaient assis côte à côte, si proches qu'il percevait sur sa peau, qui en était comme irradiée, la chaleur de ce corps. C'était une sensation presque insupportable tant elle lui faisait douce violence, et qui devait tout à cette érotisation de l'air et des objets qu'une femme que l'on désire suscite autour de sa personne. Les binious poursuivaient sans trêve : phrase ininterrompue, inlassable, et pourtant toujours recommencée. Dans sa circularité harassante, cette musique ne lui offrait aucune issue, fût-ce par un silence, qui lui eût permis de s'en déprendre. L'étrange malaise que d'être cheval de manège ou écureuil en cage !... Est-ce pour rompre un si funeste charme que Cécile posa l'index sur la pochette du disque, au départ d'un paragraphe dont elle feignait sans doute de recommander à monsieur L'Ogre la lecture. Le mouvement qu'elle fit en se penchant découvrit sa cuisse un peu plus, tandis que le haut de sa robe s'échancrait sur les neigeuses pentes de sa gorge. Le regard de monsieur L'Ogre s'y glissa dans un schuss fou. Cette descente, à quoi eût-elle abouti, si Cécile n'était partie d'un grand rire clair ? Son doigt ne désignait plus l'album, qui était tombé sur le parquet, mais sa bouche à elle, et plus précisément ses longues canines en croc.

« Bien pris qui croyait prendre ! » fit-elle d'un air entendu...

---

*René Louis*

# À bouche que veux-tu[1]

*Jacques Jouet*

*Sans abuser des jeux de langue, on peut quand même se demander s'il est autant de façons de s'embrasser que de locutions pour les désigner. Grave question... (Extrait.)*

C'était une fille sage,
À bouch' que veux-tu,
J'ai croqué dans son corsage
Les fruits défendus...
Georges Brassens, *Je suis un voyou*

Brassens n'a pas tort de faire revenir « à bouche que veux-tu » dans le champ sémantique de la nutrition, champ que la locution adverbiale avait un peu abandonné pour celui des embrassades. Le travail poétique de Brassens fait preuve d'érudition et d'une belle maestria puisqu'il fait aller la locution, à la fois, dans les deux champs.

On trouve, dans le *Dictionnaire comique, satyrique, critique, burlesque, libre & proverbial* de Philippe Joseph Le Roux, 1735 : « Être à bouche que veux-tu : pour être à son aise, ne manquer de rien, avoir abondamment de tout, avoir tout ce qu'on peut souhaiter. »

Et chez Diderot, dans *Le Neveu de Rameau*, Lui [Rameau] s'adresse à lui-même en ces termes, à grand renfort de locutions : « Vous vous en êtes allé en vous mordant les doigts ; c'est votre langue maudite qu'il fallait mordre auparavant. Pour ne pas vous en être avisé, vous voilà sur le pavé sans le sol et ne sachant où donner

1. Le titre entier de l'article de Jacques Jouet que nous reproduisons ici est « S'embrasser à bouche que veux-tu ». Extrait de *Les Mots du corps dans les expressions de la langue française*, Larousse, collection « Le souffle des mots », 1990, p. 42-44.

de la tête. Vous étiez nourri à bouche que veux-tu, et vous retournerez au regrat (i.e. à la vente des surplus, de seconde main). »

Il se pose ici un problème de syntaxe. L'inversion « que veux-tu » n'indique pas qu'il y ait mode interrogatif. Il faudrait paraphraser par un « pour une bouche aussi grande que tu le veux » ou quelque chose d'approchant.

De même, pour le baiser, je traduirais par « s'embrasser autant qu'en voudront les bouches ».

On a beaucoup disputé pour savoir si le verbe « baiser » avait au temps de Molière le double sens qu'il a aujourd'hui : version douce, le baiser chaste ; version dure, le coït. La chose est entendue si l'on en croit Furetière : « On dit odieusement qu'une femme baise, pour dire qu'elle n'est pas chaste. » Ou encore Le Roux : « Ce mot [baiser] ne signifie pas toujours des baisers honnêtes, mais, dans le sens libre, signifie prendre du plaisir avec une femme, faire le déduit, recevoir la dernière faveur. » Chez Sade et consorts, on va, c'est évident, d'un sens à l'autre, toujours.

On peut aussi contester la réalité du baiser chaste. On connaissait au XVIe siècle le baiser à l'italienne ou baiser à la florentine, qui scandalise à peine le Tout-Montpellier dans la nouvelle 78 des *Nouvelles Récréations et joyeux devis* de Bonaventure Despériers, ainsi titrée : « D'un gentilhomme qui mit la langue en la bouche d'une damoiselle, en la baisant. »

Du Bellay fait allusion à ce type de baiser, dans *Les Regrets* (XCII) :

Baller, chanter, sonner, folastrer dans la couche,
Avoir le plus souvent deux langues en la bouche,
Des courtisanes sont les ordinaires jeux.

et Ronsard le décrit avec quelque précision :

Puis mettant la bouche sienne
Tout à plat dessus la mienne,
Je la mor, & suis remors,
Deça & dela me darde
Sa languette fretillarde,
Au bors, dedant & dehors.
Des baisers de Cassandre

« Elle se livre à Dolmancé, qui la baise ardemment, langue en bouche », dit simplement Sade dès le premier dialogue de *La Philosophie dans le boudoir.*

Mais il y a mille autres baisers possibles :

- le baiser à la pincette : « Tenir le menton en baisant » (Antoine Oudin), « C'est donner un baiser à une personne en lui pinçant doucement les deux joues des doigts, afin de pouvoir appliquer le baiser sur la bouche plus à l'aise et plus amoureusement » (Le Roux) ;

- le baiser à la religieuse : à travers les barreaux du dossier d'une chaise ;

- le baiser de nourrice : pas des plus érotiques... un baiser sonore et innocent, sauf à en détourner la substance : « Alors, elle posa sur mes lèvres un baiser de nourrice à sa façon. Rassemblant les pointes de ses seins à hauteur de sa bouche, elle appliqua sur la mienne, du même coup, les lèvres et les pointes » (dans le roman de J. C. Hamilton *Le Meurtre de Bleston*) ;

- le baiser papillon : avec les cils qui battent sur la peau ;

- le baiser bigorneau : langue en l'oreille ;

- le baiser berlingot : sur le gland ;

- le baiser à la dragonne : tout simplement un viol. Le baiser honnête se confond avec le coït, « à la manière des Dragons, qui ne sont pas gens à filer le parfait amour, & à soupirer longtemps en vain » (Le Roux). Baiser qu'on trouve chez Marcel Aymé :

> La reine ne se défendait que par les grâces de la pudeur. Et moi, sans égard à la rougeur de son front, en bon militaire que j'ai toujours été, je ne m'empressais que plus fort d'avancer mes affaires, à la dragonne.
>
> « L'Armure », dans le recueil *Le Nain*, 1934.

Dans sa chanson *Les Baisers*, Pierre Perret se livre, dans ce registre, à quelques inventions délirantes.

« S'embrasser à bouche que veux-tu » pourra donc aussi signifier : s'embrasser selon la sorte de baiser que tu voudras.

---

*Jacques Jouet*

# Schéhérazade ou la source de miel

*Alain Gnemmi*

*Après plus de mille et une nuits, les lèvres de Schéhérazade fournissent-elles encore au sultan, son époux, le miel guérisseur et nourricier béni par le Coran ? Rien de moins sûr ! La voilà donc partie, Schéhérazade, à la recherche de la dernière et divine manière d'embrasser. Un périple qui la mènera en Inde puis en Chine sur les traces de la « morsure secrète », du « nuage brisé », du « baiser suspendu »...*
*(Conte.)*

En ce temps-là, il y avait à Bagdad une conteuse hors pair nommée Schéhérazade. Le peuple était suspendu à ses lèvres parfumées. Sa présence pareille à un baiser sans fin inspirait, discrète et bienfaisante, les décrets du sultan. Dans aucun pays d'Orient, la volonté de l'État n'était alors plus charmante ni mieux suivie : les sujets formaient « la nation de l'amour » et se croyaient déjà au bord du Kawthâr, le fleuve du paradis promis dans le Coran.

Un jour, survint la cadette dans le palais de Schéhérazade.

- Fille de la lune, ma sœur aînée, salua Dinarzade. On dit notre sultan Schahriar, ton mari, bien près de succomber à ses vieux démons. Aussi, quels tristes souvenirs il a laissés avant de te connaître ! Notre père, le Grand Vizir, m'en a instruite : j'ose à peine croire à tous ces mariages et ces meurtres en série perpétrés par sa débauche. Autant de *houkm Al-Houbb*, autant d'arrêts de l'amour. On frémit au réveil de sa cruauté.

- Ah ! s'exclama Schéhérazade, quelle est cette insinuation, ma sœur ?

- Écoute, Schéhérazade, la raison seule me conduit devant toi.

Si nous voulons empêcher ce despote de goûter à nouveau aux vierges de son choix (elles qui sont, rappelle-toi, la fierté et la richesse de Bagdad, les femmes célestes réservées à nos pieux parents par le Prophète), redouble d'attentions délicates à son égard, trouve-lui, je t'en prie, des philtres savants, ou que ton charme l'apaise comme naguère. Tes lèvres savaient si bien commencer une histoire lorsque ton cœur le berçait en secret par une autre.

- Mon charme se serait-il dissipé ? Puis-je encore prétendre au titre de « Cyprès charmant » ou connaîtrais-je la disgrâce ?

- Nullement, mon aînée, ta beauté est intacte, ta bouche à jamais taillée dans un rubis, et tu restes aussi fraîche que le jour qui t'inspira l'audace de prendre la place de sa dernière épouse. Schahriar l'avait alors fait étrangler au matin...

- Mais sois franche, dis-moi, insista Schéhérazade, l'aurais-je déçu dans les « jouissances éphémères » de ce monde ? Mes baisers lui seraient-ils devenus moins doux que mes paroles ?

- Oh non, répartit Dinarzade (on la surnommait avec raison « Plus Précieuse que l'or »), tu es toujours aussi honorée qu'autrefois, mais, en vieillissant, dit le proverbe « un mari gagne rarement en sagesse et brait plutôt comme un âne ». Notre père m'a priée de te le rappeler.

- Examinons donc, entre sœurs, proposa aussitôt Schéhérazade, si je me conduis toujours en digne épouse de Schahriar, notre sultan...

## *Où l'on disserte sur « l'idéal frôlement d'amour »*

- Quand j'achevais pour lui le récit du septième et dernier voyage de Sindbad, confia-t-elle, notre entente conjugale relevait davantage du romantisme alangui cher aux Européens que du *ichq*[1], le fol amour persan. J'attendais alors mon premier enfant et

1. Malek Chebel, *Le Corps dans la tradition au Maghreb*, PUF, 1984 ; *Encyclopédie de l'amour en Islam*, Payot, 1995.

le sultan, de son côté, avait réussi à oublier l'apparition de la vieille *djennya* de la lampe qui lui avait inspiré une sainte horreur des femmes... Une aversion si opiniâtre, même, que lui et son frère Schahzaman avaient souffert plus d'une fois à l'époque de « souffle froid » *(nafsou barda)*, la maladie de l'impuissance. Par bonheur, mon charme aidant, sa hantise de la « sorcière aux longs poils » s'est apaisée et, avec elle, l'appétit sanguinaire de tuer à l'aurore une vierge déflorée en pure perte dans la nuit.

Moi-même, je prends toujours soin de lui présenter à chacune de ses inspections un corps glabre et frais. La peau de ma poitrine et le grain de ma muqueuse labiale paraissent un « tissu de lin ». Le miroir me le confirme chaque jour davantage : ils sont ma fierté. Mon art de l'épilation est irréprochable - j'emploie la pierre d'alun trempée dans de l'eau de panis pour mon grain de beauté, pareil à un nénuphar sur un parterre de narcisses -, nul poil disgracieux ne subsiste ensuite sur mes aisselles ni sur ma vulve montrées à découvert... lui seul en est témoin. Je suis à l'affût des fragrances les plus rares, tu le sais, Dinarzade, puisque ensemble nous restons des heures dans le souk Al-Attarine, le marché des parfumeurs.

Quant à Schahriar, il m'embrasse désormais à l'envi dans ce qu'on a coutume d'appeler à l'instar des Chinois « l'idéal frôlement d'amour ». Mes lèvres n'en finissent pas de lui fournir le miel guérisseur et nourricier béni par le Coran : cela exige suçotements et assauts de sa langue, morsure ou ivresse sous l'effet du « vin musqué » distillé dans ma salive. De si grandes effusions nous étourdissent. Car si ma bouche était depuis l'enfance *cassette à joyaux* grâce aux histoires de mon invention, elle est aussi à présent vigne entretenue grâce à l'haleine de Schahriar et pressoir dans la vendange de nos raisins nacrés...

- Je te crois, ma sœur, l'interrompit Dinarzade qui s'impatientait déjà. Mais dans tes contes si fascinants, tes éloges vont toujours aux Turques à chevelure blonde ou aux Circassiennes rousses. Oublies-tu qu'elles sont d'une beauté étrangère ? Es-tu donc si lasse de l'admiration de Schahriar ?

Les lèvres de Schéhérazade s'élargirent, découvrant une rangée de dents aussi fraîches que des grêlons ou des gouttes de rosée, et ses gencives brunes prirent une lueur adorable :

- Mes fables l'inciteraient à la croisade vers des voluptés lointaines ?

- Loin de moi cette idée, ô fille de la lune. Simplement, poursuivit Dinarzade, les voyages m'ont ouvert l'esprit. Sais-tu, par exemple, qu'en matière d'érotisme l'Inde a encore beaucoup à nous apprendre. Là-bas, notre droit à la jouissance n'est pas un vain mot et si nous pouvions nous y rendre sur l'un de ces tapis volants nés de ta fantaisie, nous serions, nous, pauvres femmes de Bagdad, à bonne école et moins inquiètes des faits et gestes de nos tristes époux. Vâtsyâyana n'y a-t-il pas dressé dès le IV^e^ siècle l'inventaire des multiples façons d'embrasser ? et des étreintes appropriées ? et des coups à porter sur le corps masculin au moment opportun pour éveiller cet endormi et lui faire entendre notre désir ? Crois-tu posséder au mieux l'art et la science de la caresse ?

Ici, à Bagdad, un poète te fera cher payer ses services pour te complimenter sur ta bouche, il la nommera « source de miel », « joyau unique » et la proclamera la forme géométrique la plus parfaite jamais rencontrée. Pouah ! balivernes que cela, flagorneries puériles ! En Inde, la gymnastique du plaisir galberait ton sein sans t'obliger à te frapper sept fois la poitrine avec les babouches d'un homme célibataire, comme la tradition le recommande aux filles plates de chez nous. Tu apprendrais à te pencher amoureusement sur ton amant avec le glissement langoureux d'un boa, et à trembler en accueillant sa bouche. Tu couvrirais de ta langue ses lèvres mouillées dans le lait de brebis de ta salive. Peu à peu, de tes doigts devenus des pinces chirurgicales, tu les écarterais... Peu à peu, enfin, tu leur déroberais un baiser. Embrasser te rassasierait, alors ! Sais-tu au moins mordre ou griffer quand il faut résister ? Car tu dois te défendre, céder sans doute mais le plus tard possible ! Non, tu ne songes qu'à parfaire l'arrondi de tes ongles pour mettre en valeur leurs lunules, aiguise plutôt leur corne, prends modèle sur les serres de l'aigle, sur le fer tranchant de la hallebarde...

## *L'histoire édifiante de « la dernière des femmes »*

La voix féminine porte loin. Les deux sœurs dans leurs transports, ignorant l'heure et le mouvement terrestre qui les éloignait de leur domicile, se retrouvèrent en Inde. « Quelle étrange civilisation », songea Schéhérazade à la vue de ces immenses foules campant sur les escaliers du Gange. Les veuves polluaient les eaux des cendres de leurs défunts tandis que les nourrissons y prenaient leur premier bain en compagnie de leurs grands-pères coiffés en queue-de-cheval. Rien dans ce panorama ne lui rappelait Bagdad et les paysages familiers de la Medîna : il n'y avait plus les marchés couverts, les rues en arcades, les terrasses brûlantes, les loges vitrées en encorbellement, les balcons et les soupiraux surveillés, les *moucharabieh'* et les stores fermés à demi sur les impasses, ni les youyous arrachés des sérails, ni l'arpège des fontaines rebondissant goutte à goutte sur la faïence des pièces d'eau.

Mais bientôt la scène se déplaça jusque dans l'État d'Haryana. Là, dans une chambre à coucher, un mari attendait sa femme. Celle-ci s'était bien gardée de l'épouser « par amour »... de peur de « s'unir à un démon » ! Pourtant, sa condition ne s'en était pas moins dégradée. Longtemps tenue pour la « femme à louage », la concubine et la servante, elle ne répondait plus à présent qu'au titre pitoyable de « la dernière épouse ». Hélas, dernière, elle l'était bel et bien ! Dinarzade avait prévenu Schéhérazade, l'Inde est le pays des classifications, depuis la nuit des temps elle se livre à des étiquetages forcenés, elle passe au peigne fin, classe et départage êtres et choses comme si elle craignait d'égarer le moindre brin d'herbe dont elle aurait un jour à rendre compte. Non seulement les femmes valent peu, mais les femmes harijanes encore moins, elles qui sont tout au bas de l'échelle des « enfants de Dieu » : des « intouchables » sans privilèges reconnus[2].

Cette nuit, lasse des scènes de ménage intempestives de son mari, la « dernière » avait retiré l'anneau de son nez en signe de démission.

2. Liliane Jenkins, *Ma, l'Inde au féminin*, Mercure de France, 1986.

- Prête-moi cet anneau, ordonna Schéhérazade. Pour cette fois, je te relève de la corvée conjugale. Ne crains rien, la première des femmes ressemble à la dernière, ton époux n'y verra que du feu.

Celui-ci venait de purifier la chambre en l'aspergeant de bouse de vache séchée et, à présent, abusant de ses prérogatives de conjoint, il réclamait de courtes manœuvres de massage. Il avait une peau tellement fripée que Schéhérazade, restée dans la pénombre, ne put réprimer un moment une grimace de dégoût. Surmontant son aversion, elle se mit pourtant à la frotter et à la défroisser avec un entrain proche de l'équarrissage. Elle usait pour cela des déchets huileux de la graine de *mahua*. L'homme, de son côté, en profitait pour juger ses seins en aveugle avec le toucher d'un client embarrassé devant l'étal d'un marchand de fruits... il soupesait, contenait tant bien que mal la chair pesante, hésitait, ne sachant très bien que penser. Tant il est vrai que « la beauté d'une fille est dans ses seins, mais (que) seules ses épaules ne nous déçoivent jamais ».

Malgré le soin qu'elle mettait, depuis son mariage, aux gestes de sa toilette, Schéhérazade avait tenu à corriger et à lécher encore son maquillage. Elle avait joué la carte des senteurs et s'était parfumé les sourcils, le lobe de l'oreille, la pomme d'Adam (si justement nommée), le nombril... Elle avait même caché un sachet de poudre de marjolaine dans sa coiffure ; mieux valait parer les éternuements néfastes pendant l'étreinte. Le piège ainsi était en place : le mari se laisserait prendre à l'appeau, il lui suffisait d'enfouir son visage dans ses aisselles aux endroits déjà préparés et de se laisser guider en apparence par son plaisir... En apparence seulement, car à certains signes convenus de la psychologie galante, Schéhérazade le soupçonnait de n'avoir déjà guère plus de vigueur qu'un nourrisson engourdi de fatigue, voire un vieux débauché en train de perdre la boussole sous l'empire de tant d'effluves. À mesure que l'alchimie mystérieuse l'enivrait, il humait de plus en plus sèchement, cherchait à s'orienter et son nez progressait sur sa peau avec la grâce d'un éléphant d'Asie découvrant de la trompe le moelleux d'une moquette...

Cependant, à cet instant, un livre occupait tout entier son esprit, l'*Ananga Ranga* ou « Théâtre de l'amour », traité sanscrit du XVIe siècle. C'était sa bible, à Bagdad. Elle y voyait la revanche de la courtoisie sur la bestialité virile, une joute savante où les amants, au lieu de lutter corps à corps en guerriers, devaient se donner la réplique comme des comédiens interprétant une pièce. L'amour plus tranquille y devenait alors un spectacle que le couple s'offrait en particulier, l'occasion pour les voyeurs et les Narcisses de mettre en scène jalousement leurs fantasmes élevés au sublime. Ainsi, après les huit étreintes canalisant les tensions inévitables entre sexes, suivaient en général, en guise de dénouement, dix autres jeux de bouche délicieux entre lesquels chacun choisissait selon son goût... C'était pourtant déjà cinq de moins que dans le *Kāma-sūtra.* « Quelle décadence, songeait Schéhérazade en aparté, alors que ce pays compte plus de six cents millions d'habitants. »

Elle avait appris, entre autres, la définition du *samaustha*, l'« union des lèvres ». « La femme, se récitait-elle le soir devant sa psyché, appuie ses lèvres très fort sur celles de son amant surpris en train de bâiller, force le passage provisoirement ouvert, s'engouffre et fait danser sa langue à l'intérieur de la bouche masculine »..., « dans un somptueux ballet », commentait l'auteur.

L'auteur, le roi Kalyâna Malla, avait écrit au XVIe siècle. Schéhérazade, s'avisant de l'opportunité, avait hâte de passer à la pratique. L'anneau de la « dernière des femmes » porté à la cloison nasale, elle enjamba cavalièrement le mari qui commençait à s'épuiser et se coucha sur lui en édredon. Le lit grinça à peine. Aussi, jouant du métal torsadé de filigranes en or, elle lui porta avec audace des coups de lime sur tout le corps, frottant son nez centimètre par centimètre contre lui et en particulier le long du pavillon de l'oreille en feuille de chou, dont elle suivit de près le contour. Elle rabota ainsi le bourrelet cartilagineux, fit voler devant le visage circonspect des éclats de peau sèche, gratta le bord du conduit avec patience jusqu'à y souffler, pour finir, de brusques rafales de vent. De réactions du mari... pas la moindre ! Pis encore, il semblait presque absent, indifférent. Jusqu'à ce que tout de même, sortant de son apathie, il se dégageât de la machine à baisers emballée et se relevât, étourdi.

C'était le petit jour. Figé dans l'encadrement de la porte, il se pressait les tempes, comme frappé de migraine, joignait théâtralement les mains vers son front incliné. Soudain, dans un geste extrême de mortification, il cloua ses doigts cinq par cinq sur ses joues ! Schéhérazade, insensible à cette comédie, le dévisageait avec un regard glacé d'expert. Elle pouvait se féliciter de son œuvre, la réussite était entière : ses doigts avaient rayé l'épiderme sur les omoplates, les avant-bras, le torse ; la griffe de ses ongles avait pénétré à vif et honoré le dos de cicatrices sanglantes... des marques d'hommage qui, à n'en pas douter, imprimeraient longtemps sa signature sous forme de pleins et de déliés rouges, nets, adorablement formés. Et l'homme, qui n'avait rien pourtant d'un radjah, finirait par les arborer lui aussi d'un air triomphant...

## *Comment Schéhérazade s'exerça en Chine au « baiser suspendu »*

Schéhérazade jeta l'anneau dans la cour et, s'adressant à « la dernière des femmes » comme un maître à son disciple, elle lui cracha, selon la coutume, dans la bouche. « Je te le rends », lui signifia-t-elle. Puis elle pressa d'un geste affectueux Dinarzade par la taille et l'entraîna loin de là.

- Tu ne me croiras pas, Dinarzade, mais dans les bras de l'Indien j'aurais juré par moments sentir Schahriar à l'œuvre. Tout me l'évoquait : même poids de la main..., même moiteur de la paume... et jusqu'à cet air absent qu'il affecte après l'orgasme ! Hélas, je crains fort qu'il ne soit lui aussi qu'un « semeur »...

À cette pensée, l'esquisse d'un nuage passa sur son visage resté radieux et, inquiète, elle fixa sa cadette. Celle-ci marchait, à ses côtés, la taille droite et altière suivant le modèle de la lettre *aleph*, la première de l'alphabet arabe. Elle s'était mise en frais de toilette et remportait à chaque pas un succès personnel. Et pour cause ! Vêtues à la mode indigène d'un sari safran somptueux et indiscret, ses formes opulentes balançaient tout à l'aise et offraient aux regards un *ouazouaz* (un tortillement des fesses) provocant à souhait... C'en était assez, en tout cas, pour encourager le clin d'œil ou le *ridfa* en tapinois (petites tapes ou grandes claques) sur cet endroit suggestif de son anatomie. Une houle parfumée animait le drapé indien et lui donnait un port élégant de grande dame.

À l'en croire, elle n'avait pas chômé elle non plus. Elle ? Laissant Schéhérazade à ses amours, elle s'en était allée en Chine sans prévenir, à Shanghai très précisément, où, se vantait-elle, pas moins de dix moines tibétains, faons au duvet naissant, l'avaient *gamahuchée.* Toutefois, aux trilles de gaieté qui ponctuaient sa conversation, on pouvait se demander si elle les avait dévorés ou si les moines, un peu las de son exubérance, n'avaient pas préféré le raccourci par la chaîne himalayenne... En route, elle avait rencontré aussi une compagnie extravagante de prostituées malaises qui accouchaient à grands baquets de sang sur les bords du talus. Chassées des dortoirs de filles de l'Asie, les malheureuses, à l'évidence, n'avaient pas eu besoin de l'eau de mer des « sept vagues » prélevée le matin pour combattre la stérilité. Elles récitaient sans arrêt des quatrains savants et Dinarzade avait encore sur les lèvres leurs pantoums grivois et bachiques.

Cependant, l'heure avançait et les deux sœurs approchaient de la Grande Muraille. Se tournant vers son aînée, un peu étourdie par tant d'aventures, elle lui proposa de faire une pause à son ombre. Le soleil les cherchait. Astre *nakkah* (don juan) ou astre *ananiyâh* (narcisse), qui le savait ? qui s'en souciait ? Schéhérazade gardait son air absorbé.

- Allons ! ne te tracasse donc pas, la gronda Dinarzade qui s'émancipait toujours plus à l'approche du Levant. (Sa langue était conforme à sa réputation et à sa description légendaire : un petit muscle qui « ne s'assèche ni ne ramollit » dans la bouche.) Crois-tu que je n'ai pas compris pourquoi tu as entrepris ce voyage ? Tu aimerais être initiée au grand secret, à la dernière et divine manière d'embrasser dans le monde, celle qui te conservera pour toujours les faveurs de Schahriar. Alors, écoute-moi ! Si tu désires, pour le satisfaire, une caresse légère, la « morsure secrète » ou *gudhaka* indienne t'apprendra à imprimer doucement tes dents sur les lèvres de ton partenaire transi. S'il est, comme cela me semble, trop passif, peut-être le « nuage brisé » le comblera-t-il davantage quand il sentira soudain le piège de ta mâchoire se refermer sur ses joues et son cou tendres comme une part de pastèque...

Et lui dépeignant ces délices, elle jouait avec elle comme avec une poupée. Elle lui mordait le poignet, lui posait des ventouses de sa bouche triomphante, flattait l'intérieur de sa main d'une langue fureteuse et domestique. Schéhérazade finit par la repousser.

- Hé, attends ! Patiente un peu, s'écria Dinarzade.

À ces mots, elle tira un objet des plis de sa robe. Elle avait cette animation des chalands qui croient avoir trouvé une fortune au marché aux puces.

- Tiens, adressa-t-elle à son aînée, voilà pour toi parmi les emplettes que j'ai rapportées de Shanghai, c'est là même où nous retournons...

Un cuir à rasoir et une lame de barbier inoxydable au manche courbe dans un étui marqueté apparurent au creux de sa main. L'outillage idéal pour une parfaite épilation.

- Le Chinois qui me l'a vendu ressemblait comme un sosie à ton beau-frère Schahzaman.

- Oh, mais c'est impossible, mon beau-frère Schahzaman est roi de Samarkand, s'exclama Schéhérazade. Bien qu'affligé de « souffle froid », il est une personnalité unique ; il serait inconvenant de se moquer de lui.

Mais elles pourraient en juger sans tarder, puisqu'elles arrivaient à Shanghai. Dès qu'il vit leurs silhouettes gracieuses et sautillantes sur le sentier des rizières, le marchand s'empressa à leur rencontre, ravi, enchanté, disait-il entre deux courbettes, de revoir Dinarzade, il n'avait pas cessé de prier pour son retour (assura-t-il dans une autre courbette)... Ce qui ne l'empêcha pas de s'effacer devant l'aînée et de s'éclipser aussitôt en sa compagnie ainsi que l'exigeaient les lois de l'hospitalité. D'un geste vague, il recommanda seulement à la cadette de faire le tour du jardin... « en attendant mieux ». On était en hiver et le froid était rude. Transie, Dinarzade se rabattit sur la chaufferette[3] - un simple pot avec des braises en équilibre sur une armature en bambou -, devant laquelle elle se mit en désespoir de cause à agiter pieds et mains.

Schéhérazade traversa de bonne grâce la salle principale, exposée aux courants d'air sous son toit léger troué par les becs des

3. Pascal Dibie, *Ethnologie de la chambre à coucher*, Grasset & Fasquelle, 1987.

moineaux. Des rondins de bois y tenaient lieu de sièges. En s'approchant, elle remarqua que chacun d'eux était évidé et abritait un brasero d'argile en réduction. C'était le soir, literies, nattes et matelas étaient encore roulés contre le mur. À l'invitation du Chinois, elle entra avec hardiesse dans la chambre nuptiale chauffée par le plancher et se coucha sur le lit de brique dans l'attente de « nuage et pluie », le délice suprême du *K'in* (« être intime »).

Ce lit avait tout d'une caverne aux quarante voleurs, avec estrade et paravent, étagère à chaussures et placard à vêtements, et il sentait le renfermé à cause des brûleurs d'encens ; son écran s'ornait d'une branche de prunus en fleur ; à son chevet, les bougies allumées de Dragon et de Phénix symbolisaient la prospérité. Le Chinois en tira le rideau et s'assit à ses côtés, mais, quand il s'aperçut qu'elle s'était déjà étendue et en prenait à son aise, il lui ordonna sans douceur de se relever, puis, une fois debout, la pria enfin de s'asseoir en tailleur, conformément aux convenances locales, proches du règlement militaire. L'usage voulait en effet qu'entre « jeunes mariés » l'on prît d'abord une collation sur le *K'ang* avant d'entamer la nuit de noces...

Ces formalités accomplies, elle put enfin tirer à loisir la « flûte de jade » du Chinois, laquelle se révéla sans particularités notables. Les métaphores étaient seulement usurpées à son sujet, car « Oiseau cramoisi » suscita dès l'abord répulsion plutôt que ravissement. Néanmoins, Schéhérazade apprécia les suçotements de langue auxquels le Chinois se livra et, surtout, le nettoyage de son « champ de cinabre », un simulacre de baiser qui exigeait de cracher en abondance dans sa vulve, sans lésiner ni sur le souffle ni sur la quantité de salive prodigués.

En Chine, cependant, le mari est toujours le « seigneur » de sa Chinoise. Aussi, coupant court aux politesses, notre homme bientôt s'affaira sur elle et, une fois son membre enfoncé, il l'actionna énergiquement au point d'écraser sans élégance le « tapis de chair ». Le temps n'était plus décidément aux amabilités...

- Ce Chinois a une tête qui me revient, pensait Schéhérazade, ou plutôt qui ne me revient pas du tout. C'est sans doute à cause des remarques de Dinarzade tout à l'heure... Je dois être victime d'une coïncidence, il me rappelle... il me rappelle... Allons, allons, qui me rappelle-t-il donc ?

- Vous versez, madame, lui reprocha soudain le Chinois qui différait son éjaculation.

Il la soupçonnait de manquer d'entraînement dans les techniques de rétention et devenait agressif.

- Vous répandez, ma-da-me, reprit-il en guise de menace.

- Ah, j'y suis, poursuivit Schéhérazade lumineuse, le visage rayonnant de bonheur (*ouej'h el-kîr*), il me rappelle le fréquent destinataire de mes contes : Haroun-al-Rachid ! Mais Haroun-al-Rachid est un poussah, un personnage imaginaire, et ce Chinois, lui, est bien chétif. Dinarzade a peut-être raison : qui sait si ce n'est pas ce diable de Schahzaman pour oser labourer de façon si vulgaire ?

- À qui me fait-elle penser ? s'interrogeait le Chinois de son côté. À quelle espèce de femme ai-je donc affaire ? La position dite « le dévidage de la soie » l'a intéressée, ainsi que celle des « papillons voltigeants ». Les débuts étaient prometteurs. Au contraire, « le tigre qui bondit » s'est soldé par un échec. Disons la vérité : il m'a fallu en rabattre. Au train où vont les choses, l'étrangère n'aura pas de ma liqueur. Elle démérite à mes yeux ou plutôt à mes autres sens. Oui, elle sera privée de ma semence... privée... privée ! elle le sera ! par ma foi taoïste !

Pendant ce temps, esseulée dans le jardin, Dinarzade méditait de son mieux. Les Chinois nous ont longtemps caché qu'ils embrassaient, songeait-elle, ils ont entretenu un tel climat de cachotteries autour de leur sexualité qu'elle a fini par nous paraître tantôt dérisoire de chasteté, tantôt raffinée et sophistiquée à l'excès. J'aurais pu expliquer cela à Schéhérazade si ce Chinois s'était comporté avec correction dès l'accueil. Quelle bourde ai-je donc commise en les laissant ensemble ! Précipitons-nous dans la chambre nuptiale, pressons, pressons, avant qu'il ne soit trop tard, se persuadait Dinarzade. Schéhérazade adultère une nouvelle fois... Schéhérazade adultère pour rien !

Affolée, elle traversa au galop la grande pièce, dispersant à la volée la petite troupe de moineaux qui avaient fini de picorer le toit de paille, puis, parvenue au pied du lit, d'un geste brusque, elle ouvrit le rideau. Ce qu'elle vit la stupéfia : là, en toute discrétion, absorbé à l'extrême par sa tâche, le visage rouge, congestionné, le marchand s'exerçait au « baiser suspendu », une activité fort délicate qui consistait pour lui à interrompre son coït juste avant qu'il n'atteigne virilement à son apogée. Pour ce faire, guettant la montée du plaisir chez sa partenaire, les yeux fermés, concentré, la langue pressée fortement contre le voile du palais, il contractait ses narines, avalait sa respiration en une forme de baiser jusqu'à réussir à contrôler *in extremis* son érection et à la ramener à une simple gymnastique : une crampe banale et douloureuse du pénis. Ainsi espérait-il en bon Chinois préserver l'harmonie du Ciel et de la Terre, du yin et du yang, et n'offrir sa semence qu'à celles qui en seraient dignes.

Hélas, au lieu de se retirer le moment venu, il céda et se répandit au beau milieu du « champ de cinabre » de Schéhérazade comme lors de sa nuit de noces. Un souvenir qui décidément le hantait... Le mal accompli, il ne lui resta plus alors qu'à parachever son forfait et à s'essuyer dans les Six Ceintures placées dans un panier, tandis que Schéhérazade, par souci de pureté, se lavait à grande eau et trouvait son bonheur dans la lingerie féminine.

- Chinois, je t'ai reconnu, haleta Dinarzade, tu es Schahzaman, le beau-frère de Schéhérazade, ici présente, ta maîtresse.

- Oui, je suis Schahzaman, tonna l'homme. Votre présence à toutes deux en ces lieux conforte, s'il en était besoin, mon opinion sur l'infidélité des femmes. C'est elle qui a définitivement formé le tempérament meurtrier de mon frère, j'en suis sûr maintenant. Mais je serais mal placé pour te dénoncer à lui, Schéhérazade, d'autant qu'après ta fugue ton mari, le sultan, a été pris d'un accès de « bouffées délirantes ». Apprends qu'il a d'abord envisagé de se tuer puis, sous la pression des siens, qu'il a préféré abdiquer et s'exiler de Bagdad. Il erre désormais, à l'Ouest, loin des rives de la Méditerranée, vers ces pays de perdition où la civilisation n'a plus cours. On l'aurait aperçu près de Tombouctou équipant une caravane pour se rendre chez les païens noirs de la forêt de l'Indigo. D'autres soutiennent qu'il serait la proie de la piraterie de l'ancienne Carthage, ou de celle de Salé, sa concurrente, forteresse corsaire dans l'Atlantique. D'autres encore prétendent qu'il visiterait la France, montré et ricané comme quelque curiosité de cirque. Enfin, voilà ton œuvre, Schéhérazade !

- Ce n'est certes pas la mienne, répliqua Schéhérazade, courroucée par ce contretemps, mais celle du Ciel. La Providence, en effet, qui d'un mal décide de faire sourdre un bien et qui se manifeste au moment de son choix, s'est refusée à jouer plus longtemps les entremetteuses dans un mariage déjà bien compromis. Mais c'est assez ! Laisse Schahriar déraisonner où bon lui semble et ne me distrais plus avec un pareil conte dont la moralité accuse un peu trop vite l'épouse...

- Et voyons, Chinois, ajouta Dinarzade, la Cadette aux petits pieds, maintenant que le soleil *nakkah* brille à nouveau, s'il te donne généreusement une seconde chance, réussiras-tu grâce à ses lumières ta démonstration du « baiser suspendu » pour l'instant plutôt mal commencée ?

D.R.

*Klimt, « Le Baiser », détail, Vienne, Österreichische Galerie*

# Biographie des auteurs

*Jean Claude Bologne* Écrivain, philologue, enseigne l'iconographie médiévale à l'ICART (Paris). A publié de nombreux romans, notamment *Le Dit des béguines*, Denoël, 1993 ; des essais historiques : *Histoire de la pudeur*, Orban, 1986, et *Histoire du mariage...*, Lattès, 1995 ; des dictionnaires : *Les Allusions littéraires* (1991) et *Les Sept Merveilles* (1994) chez Larousse.

*Jean-Marie Bretagne* Journaliste et romancier. Auteur de nouvelles, de préfaces et d'un roman, *Les Heures blanches*, Gallimard, 1982.

*Gérald Cahen* Écrivain. A dirigé aux éditions Autrement les ouvrages *Nancy* (1990, en collaboration avec René Louis), *L'Humour* (1992), *Résister* (1994), *Le Plaisir des mots* (1995).

*Yannick Carré* Historien, enseignant à Columbia University (Paris) et chargé de cours au département d'histoire de l'art de l'université Blaise-Pascal à Clermont-Ferrand. A publié *Le Baiser sur la bouche au Moyen Âge*, Le Léopard d'Or, 1993.

*Catherine Dommergues* Professeur de lettres.

*Alain Gnemmi* Professeur de lettres.

*Bernard Golse* Pédiatre-psychiatre-psychanalyste. Responsable de l'unité de psychiatrie infantile de l'hôpital Saint-Vincent-de-Paul. Professeur à l'université René-Descartes (Paris V). A publié notamment : *Le Développement intellectuel et affectif de l'enfant*, Masson, 1992 (3e éd.) ; *Insister, Exister (De l'être à la personne)*, PUF, 1990 ; *Dire : entre corps et langage (autour de la clinique de l'enfance)*, en collaboration avec C. Bursztejn, Masson, 1993.

*David Le Breton*

Sociologue, professeur à l'université des sciences humaines de Strasbourg II. Auteur notamment de *Passions du risque*, Métailié, 1991 ; *Des visages. Essai d'anthropologie*, Métailié, 1992 ; *Anthropologie du corps et modernité*, PUF, 1992. A dirigé le volume *L'Aventure ou la passion des détours*, Autrement, 1996.

*René Louis*

Écrivain. Auteur de *De mémoire de lutin* (1988) et de *L'Ère des médiums* (1989) aux éditions Autrement, ainsi que du *Dictionnaire du mystère*, Le Félin, 1994.

*Bernard Marcadé*

Critique d'art, professeur d'esthétique à l'École nationale d'art de Cergy-Pontoise. A publié en particulier *Éloge du mauvais esprit*, La Différence, 1986, et *Eugène Leroy*, Flammarion, 1994. A organisé, en 1995, l'exposition *Féminin/Masculin, le sexe de l'art*, au centre Georges-Pompidou.

*Anne de Marnhac*

Éditeur. Auteur de *Femmes au bain, les métamorphoses de la beauté*, Berger-Levrault. A dirigé la relance éditoriale des éditions Harlequin pour le compte du groupe Hachette, en 1988.

*Jean Mouttapa*

Directeur du département « Spiritualités » aux éditions Albin Michel. Collabore au mensuel *L'Actualité religieuse*. Il a publié *Daniel Pons, le chant d'un homme présent*, La Table Ronde, *La Révolution du dialogue*, Albin Michel, 1996, et, en collaboration avec Annick de Souzenelle, *La Parole au cœur du corps*, Albin Michel, 1993.

*Dominique Noguez*

Écrivain, professeur à l'université de Paris I, codirecteur de la *Revue d'esthétique*. Derniers livres parus : *Les Martagons*, roman, Gallimard, prix Nimier 1995 ; *Ce que le cinéma nous donne à désirer*, Liège, Yellow Now, 1995.

*Cécile Wajsbrot*

Écrivain. Derniers ouvrages parus : *Le Désir d'équateur*, Zulma, 1995 ; *Mariane Klinger*, Zulma, 1996.

*Alain Weill*

Expert en art contemporain et création publicitaire. Chroniqueur gastronomique. Ancien directeur du musée de l'Affiche, à Paris. A publié notamment : *Paul Colin, affichiste*, Denoël, 1989 (avec Jack Rennert) ; *L'Affiche dans le monde*, Somogy, 1984 (réactualisation 1991) ; *Alphonse Mucha*, Hjert & Hjert, 1984 (avec Jack Rennert).

# Titres disponibles dans la collection « Mutations »

Éditions Autrement

*Directeur-rédacteur en chef:* Henry Dougier. *Rédaction :* Jean-Claude Béhar. Nicole Czechowski. *Fabrication/Secrétariat de rédaction :* Bernadette Mercier, *assistée de* Hélène Dupont *et de* Alice Breuil. *Graphisme :* Kamy Pakdel. *Service financier :* Éric Moulette. *Gestion et administration :* Agnès André. Hassina Mérabet. Christian Da Silva. *Service commercial :* Jean-François Gallon. *Service de presse :* Agnès Biltgen.

Abonnements au 1er janvier 1997 : la collection « Mutations », complémentaire des collections « Monde », « Mémoires » et « Morales », est vendue à l'unité (120 F par ouvrage) ou par abonnement (France : 500 F ; Étranger : 600 F) de 5 titres par an. L'abonnement peut être souscrit auprès de votre libraire, ou directement à Autrement, Service abonnements, 17, rue du Louvre, 75001 Paris. Établir votre paiement (chèque bancaire ou postal, mandat-lettre) à l'ordre de NEXSO (CCP Paris 1-198-50-C). Le montant de l'abonnement doit être joint à la commande. Veuillez prévoir un délai d'un mois pour l'installation de votre abonnement, plus le délai d'acheminement normal. Pour tout changement d'adresse, veuillez nous prévenir avant le 15 du mois et nous joindre votre dernière étiquette d'envoi. Un nouvel abonnement débute avec le numéro du mois en cours. Vente en librairie exclusivement. Diffusion : Éditions du Seuil.

Directeur de la publication : Henry Dougier. Revue publiée par Autrement.
Comm. par. 55778. Corlet, Imp. S.A., 14110 Condé-sur-Noireau. N° 19111.
Dépôt légal : février 1997. ISBN : 2-86260-681-2. ISSN : 0751-0144. *Imprimé en France*